SECVNDVS

DK

DK重返历史现场

寻 找 失 落 的 文 明

英国DK公司 — 编著　王冰 — 译　李隆国 — 审校

中信出版集团 | 北京

DK Penguin Random House

图书在版编目（CIP）数据
DK重返历史现场：寻找失落的文明 / 英国DK公司编著；王冰译. -- 北京：中信出版社，2025.1（2025. 3 重印）
ISBN 978-7-5217-6931-9
Ⅰ. K109-49
中国国家版本馆CIP数据核字第2024QA0922号

Original Title: Incredible History: Lost Worlds Brought Back to Life

DK 重返历史现场：寻找失落的文明

编 著 者：英国 DK 公司
译　　者：王冰
审　　校：李隆国
出版发行：中信出版集团股份有限公司
（北京市朝阳区东三环北路 27 号嘉铭中心　邮编　100020）
承 印 者：北京顶佳世纪印刷有限公司

开　　本：635mm × 965mm　1/8
印　　张：20　　字　　数：450 千字
版　　次：2025 年 1 月第 1 版　　印　　次：2025 年 3 月第 2 次印刷
京权图字：01-2024-2339
审 图 号：GS 京（2024）2263 号（本书插图系原文原图）
书　　号：ISBN 978-7-5217-6931-9
定　　价：138.00 元

出品　中信儿童书店
图书策划　巨眼
策划编辑　季玉琼
责任编辑　郑夏蕾
营　　销　中信童书营销中心
封面设计　李然
内文设计　京狮堂

出版发行　中信出版集团股份有限公司
服务热线：400-600-8099　网上订购：zxcbs.tmall.com
官方微博：weibo.com/citicpub　官方微信：中信出版集团
官方网站：www.press.citic

FSC 混合产品 纸张｜支持负责任林业 FSC® C018179

www.dk.com

目录

时间旅行

从意大利破败的古罗马城市庞贝，到柬埔寨宏伟的吴哥寺，这个世界充满了关于过去的秘密的线索。本书将介绍其中一些令人叹为观止的历史遗迹，以及它们告诉我们的关于前人的信息。

4. 泰坦尼克号沉船残骸

泰坦尼克号沉船残骸位于冰冷的北大西洋水下约 3 800 米处。这艘客轮于 1912 年 4 月 15 日沉没。

1. 复活节岛

地处南太平洋，当地人称拉帕努伊岛，由智利管辖。该岛以近千尊位于火山山坡上的巨型石雕像而闻名。

2. 云杉树屋

在美国西南部的峡谷深处，分布着古代普韦布洛人在悬崖岩壁上修建的建筑遗迹。现在这里成了美国弗德台地国家公园的一部分。

3. 马丘比丘

这座印加古城的遗址位于秘鲁境内的安第斯山脉中。它可能曾经是印加帝国的皇宫所在地及宗教中心。

5. 博纳吉尔城堡

博纳吉尔城堡位于法国。其城墙修建于山丘之上，可保护城堡主人免受外部攻击。

6. 明长城

明长城是世界上最长的人造建筑，位于中国北方，绵延 8 851.8 千米。

9. 吉萨金字塔群

这些金字塔耸立于埃及尼罗河西岸，是古代世界七大奇观中唯一存续至今的建筑物。

7. 胡苏尼库布瓦宫

在坦桑尼亚靠近斯瓦希里海岸的一个小岛上，中世纪高大的胡苏尼库布瓦宫遥望着印度洋。

8. 吴哥王城

吴哥王城古迹位于柬埔寨林木葱郁的暹粒市。古城建有众多宫殿、庙宇，其中包括世界上最大的宗教建筑群吴哥寺。

失落的下维斯特尼采

尽管下维斯特尼采遗址已深埋于地下千百年之久，但它曾经也是一个充满生机的地方。这个建于约 30 000 年前的定居点，曾经居住着约 100 名石器时代的猎人。考古学家们在这里发现了人类墓葬、陶像和古代房屋的痕迹。

旧石器时代遗址

下维斯特尼采遗址位于捷克南摩拉维亚州的巴甫洛夫山脉，毗邻该州首府、捷克第二大城市布尔诺。这不是在该地区被发现的唯一一处旧石器时代遗址。在下维斯特尼采附近还发现了几个同类遗址。

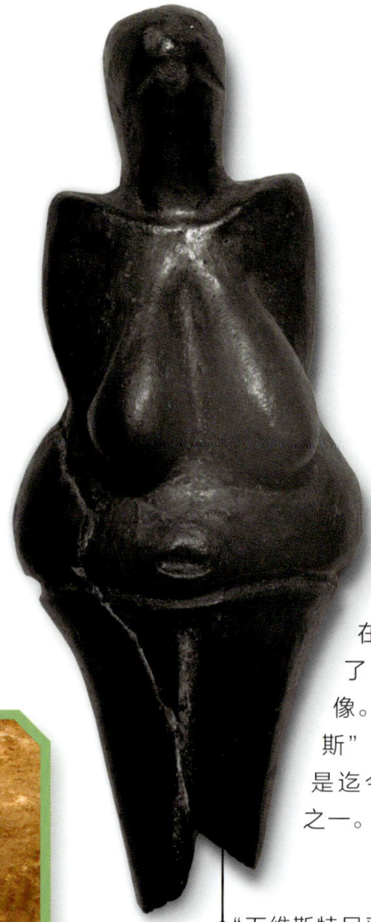

"下维斯特尼采的维纳斯"陶像高 11 厘米，由黏土烧制而成

史前艺术

在欧洲各地的石器时代遗址都发现了由石头、象牙或黏土制成的女性塑像。这尊被称为"下维斯特尼采的维纳斯"的陶像制作于公元前 28 000 年左右，是迄今为止发现的最古老的陶制艺术品之一。

三人葬

人们在下维斯特尼采遗址发现了依偎在一起的 3 名男性青少年的遗骸。陪葬器物有项链、红赭石粉和猛犸象的骨头。

右边的遗骸在下葬时，其左肘被置于中间的遗骸之上

左边的遗骸在下葬时被摆出伸手的姿势

熊形陶像

当时的下维斯特尼采附近有黏土。人们会用黏土制作动物塑像，比如这尊陶熊。黏土被塑形之后，用火烧制，就能变硬并保持被塑造的形状。

陶熊头部低垂，脖子向前伸展

放射性碳定年法

所有生物都含有碳的放射性同位素碳 -14。生物死亡后，碳 -14 含量会逐渐减少。考古学家会使用放射性碳定年法，通过测量剩余的碳 -14 含量，来推定骨头等有机物的年代。

考古学家从人类遗骸的腿骨中采集样本

不为人知的历史

下维斯特尼采定居点被深埋在山丘和河流间的土层之下上万年，直到1922年才被发现。此后，挖掘工作持续进行。如今，一座博物馆已在此处设立，向游客们展示该遗址和人类在石器时代的生活方式。

搭建小屋

石器时代的人类常常住在这样的圆形小屋中。小屋由木杆搭出框架，再覆以兽皮。在小屋中央生火能让屋内保持温暖，但浓烟也会带来麻烦。

1 猛犸象
猎人们将一头雌性猛犸象和象群分开，它奋起反击。

2 猛犸象群
象群中的其他猛犸象已向远处的山丘逃去。

3 伏下身！
猎人们伏身躲避猛犸象，同时寻找机会攻击它的弱点。

4 攻击
猎人们准备向猛犸象投掷长矛。这样他们就不用靠得太近。

5 服装
猎人们穿着用兽皮制成的简易服装，在狩猎猛犸象时，这可起不到什么保护作用。

6 猎犬
打猎时，猎人们总会带着已被驯服的猎犬。

狩猎猛犸象

一群猛犸象正经过下维斯特尼采的定居点。这可是个好消息！一头猛犸象足以喂饱很多人。但是想要抓住这个大家伙，一个人肯定是不行的。它挥舞的象牙或乱跺的脚很容易伤及猎人。今天，一群勇敢的猎人决定带着他们的猎犬去碰碰运气。

7 驯鹿
成群的驯鹿正在山边吃草。如果猛犸象逃走了，驯鹿就是猎人们的下一个目标。

8 安家
猎人们会把小屋搭得很近。群聚而居能够更好地保护彼此。

猛犸象
正如复原的骨骼标本显示的那样，猛犸象比现代象体形更大，长着更长的獠牙。雌性猛犸象会和幼象生活在一起。

狩猎长矛
猎人们的长矛很可能是将小块燧石嵌入象牙或骨制的把柄后制成的。用燧石制成的矛尖可以刺穿动物坚韧的皮肤。

用打磨尖锐的燧石作为矛尖

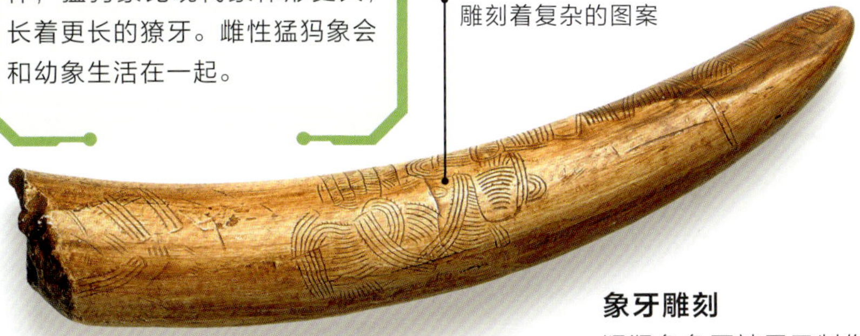

这根猛犸象象牙上雕刻着复杂的图案

象牙雕刻
猛犸象象牙被用于制作工具、首饰和武器。这根象牙上雕刻着旋涡状的线条，可能是对人类身体的抽象描绘。

骨制饰物
这块骨头上雕刻着类似人脸的图案。这是在下维斯特尼采遗址发现的几个人脸雕像之一。

简单的线条描绘出一张脸庞

鹿角也可以用来制作工具

狩猎兽群
除了猛犸象，下维斯特尼采的猎人们还会在夏季至冬季驯鹿群迁徙觅食的时候狩猎驯鹿。一部分鹿肉会被保存起来，以供日后食用。

洛斯马诺斯岩画

在 13 000 年至 9 500 年前，远古人类在阿根廷的洛斯马诺斯洞穴（意为“手之洞穴”）中留下了手印和其他图画。创造这些图画的人们用空心的鸟骨把颜料吹到手上，再将手印印在岩壁上。有些手印很小，可能是儿童的。

沉睡的奥茨冰人

1991 年秋天，两名德国登山者在奥茨塔尔山徒步旅行时，偶然发现一具从融化的冰雪中显露出来的人类遗骸。随后，科学家们推定，这是一具约 5 300 年前的人类骸骨。这具被冰冻的遗骸保存完好，同一地点还出土了曾属于他的工具。得益于此，考古学家们能够拼凑出关于冰人生前经历的一些线索，并解开他如何死亡的谜团。

长眠之地

登山者在意大利和奥地利的边境发现了冰人。在冰人生命的最后几天，他曾途经奥茨塔尔山的亚高山带，并最终长眠在位于意奥边境的蒂森霍赫山口。

最后的大餐

通过对冰人胃内残留物的分析，科学家们推定冰人最后一天吃了野山羊肉、一种叫作“一粒小麦”的原始小麦、鹿肉和黑刺李。在他的胃内还发现了蕨类植物的痕迹。在当时，某些蕨类植物可能被当作药物使用。

红铜时代

在从新石器时代向青铜时代过渡的红铜时代，人类不只使用石制工具，还开始提取、冶炼金属，并将其制成工具。在冰人长眠的地方就发现了铜制工具和铜箭头。

奥茨冰人的尸检报告

研究遗骸的考古学家们发现，冰人为男性，离世时约 45 岁，体重约 61 千克。尸检表明他生前身体状况不佳，有关节疼痛的症状，死因是失血过多。由于在他体内发现了铁木的花粉颗粒，科学家们据此推断冰人大约死于初夏。

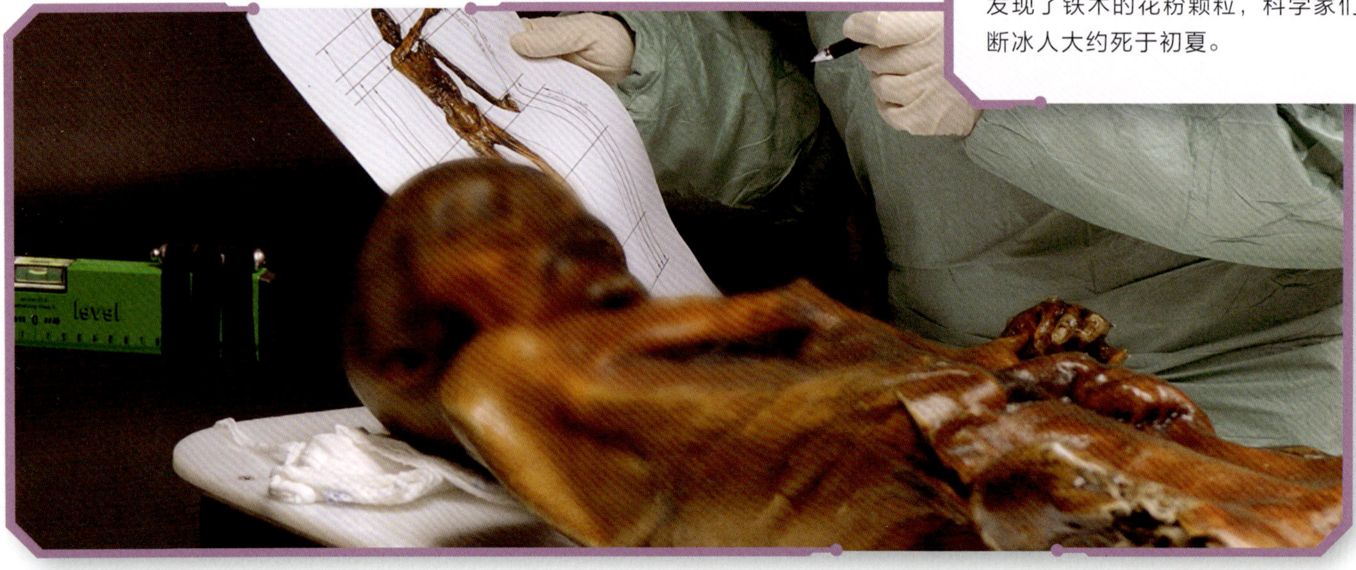

保全遗骸

得知德国登山者令人震惊的发现后，救援队赶到当地，并试图用气动凿岩机将遗骸从冰中分离出来，但没有成功。直到几天后，第二支救援队才终于将遗骸与冰分离，并将其送往奥地利进行常规尸检。

冰雪覆盖

遗骸被埋于冰雪中，这样的条件使尸体不易腐烂，甚至连冰人的眼球都完好无损

身份之谜

起初，人们认为冰人是失踪的现代登山者。但在尸检时，科学家们惊讶地发现这具遗骸已有约 5 300 年的历史

奥茨塔尔山

奥茨冰人是在阿尔卑斯山脉东部的奥茨塔尔山海拔 3 210 米处被发现的，并因此得名。

1 袭击者
一个神秘的袭击者躲在岩石后面，用弓箭瞄准奥茨并攻击了他。

2 容器和背包
因为慌不择路，奥茨没有拿走他的树皮容器和兽皮袋子。

3 燧石匕首
奥茨腰间绑着一把白蜡木柄的燧石匕首。

4 腰带和小袋子
奥茨腰间的皮带可以固定外套，也方便携带工具和小袋子。

5 文身
奥茨身上有61处文身，是通过将烟灰擦在他皮肤上的小伤口上绘成的。

6 箭头
燧石箭头射中了奥茨的肩膀，形成致命的伤口。因为失血过多，奥茨在受伤几分钟后便走到了生命的尽头。

伏击奥茨

在 5 300 多年前的一个初夏，来自奥茨塔尔山附近某个定居点的猎人奥茨正努力爬上冰川。尽管奥茨为应对复杂的地形做了充分的准备，但接连几天的赶路还是令他十分疲惫，何况他还在躲避一名袭击者。不久之前，袭击者用刀刺伤了奥茨的手。此时，逃到更高处的奥茨感觉角落里可能有危险。事实证明，他的预感是对的。

“我们关于欧洲新石器时代人类服饰的一切知识都来自他。没有其他可供比较的对象。他是独一无二的。”

——德国柏林洪堡大学教授、考古学家马库斯·埃格

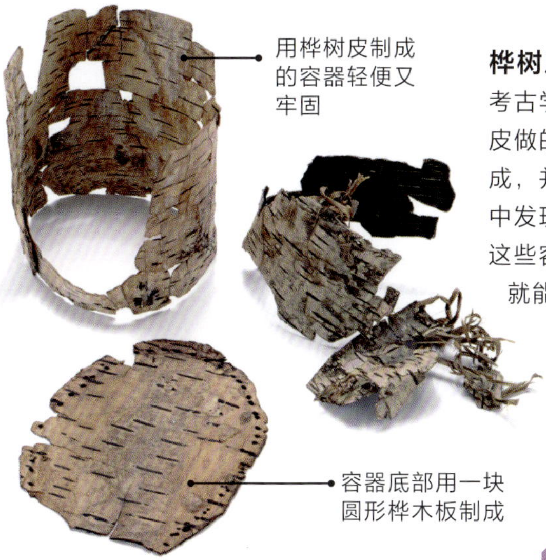

桦树皮容器

考古学家们在遗骸附近发现了两个用桦树皮做的筒形容器。每个容器由单片树皮制成，并用椴树纤维缝合。在其中一个容器中发现了枫叶和木炭片，这表明奥茨曾用这些容器盛装被树叶包裹的木炭，这样他就能轻松、快速地生火。

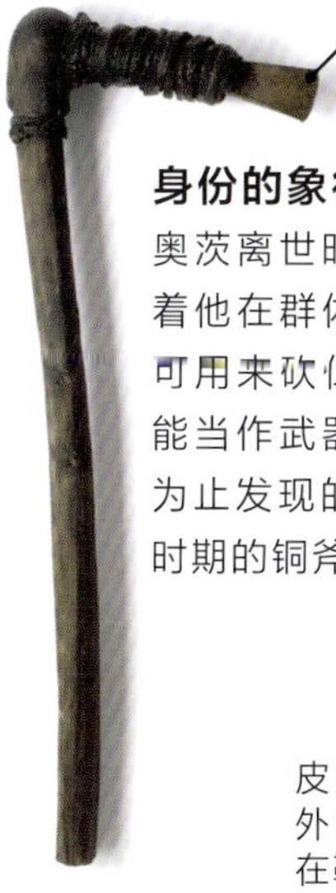

身份的象征

奥茨离世时携带的铜斧可能象征着他在群体中的尊贵地位。斧子可用来砍伐树木、切割冰块，还能当作武器。奥茨的铜斧是迄今为止发现的唯一一把完整的史前时期的铜斧。

早期针灸

奥茨冰人是世界上已知最古老的带文身的干尸。他生前饱受关节疼痛的折磨。科学家们认为，在痛处文上线条和十字图案，在当时可能被看作一种缓解疼痛的方法。

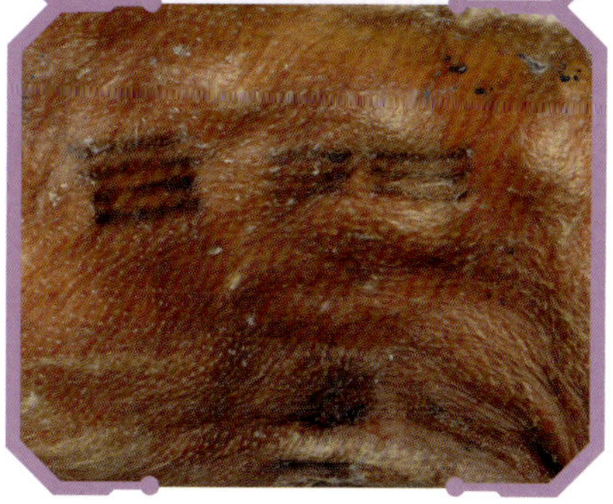

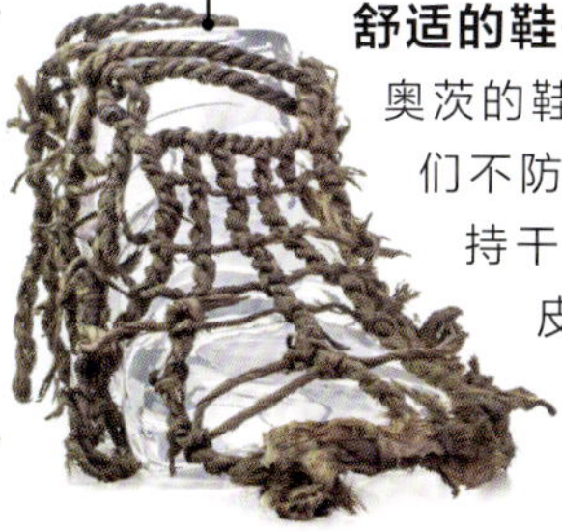

舒适的鞋子

奥茨的鞋子应该既温暖又舒适，不过它们不防水，无法让他的脚在下雨时保持干燥。鞋是鹿皮做的，鞋底是熊皮的，鞋中还有一层草网，可将干草固定在适当的位置，起到保暖的作用。

7 着装

为了抵御严寒，奥茨做了充分的准备。他离世时身着用山羊皮和绵羊皮制成的衣服。

8 铜斧

奥茨最珍贵的财产就是他那把紫杉木柄的铜斧。

永世辉煌的金字塔

在埃及首都开罗附近的吉萨市，有数十座古代陵墓和神庙散布在沙漠中，其中最吸引人的是 3 座巨大的金字塔。这 3 座恢宏的建筑是为古埃及的统治者建造的陵墓，也是工程学上的惊人壮举。它们建于 4 500 多年前，整个修建过程几乎全部由人力完成。

临河的城市

尼罗河在埃及境内向北流入地中海。吉萨市地处尼罗河下游。吉萨金字塔群位于埃及首都开罗的都市区边缘。

这尊哈夫拉雕像头部后面的神鹰是荷鲁斯的象征。荷鲁斯是古埃及神话中法老的守护神

河运

古埃及人利用尼罗河运输物资。在当时，水运是他们长距离搬运重物的唯一方式。大量石块从埃及其他地方沿尼罗河运至此地，用来装饰陵墓和神庙。

永存的哈夫拉

哈夫拉是埃及古王国时期的统治者之一。他在位的时间大约是公元前 2558 年至公元前 2532 年。古埃及统治者留下建筑和雕像，是希望被世人铭记。哈夫拉在金字塔旁的一座神庙里留下了 300 多尊自己的雕像。

丰厚的陪葬品

许多王室成员和重臣都葬在吉萨金字塔群附近的小型陵墓中。他们的陪葬品包括很多贵重物品，比如黄金和珠宝。

这对手镯是在哈夫拉的祖母赫特弗瑞丝一世王后的陵墓中发现的

重见天日

考古学家在吉萨的发掘工作已经持续了 200 多年。如今，曾经被沙子覆盖的部分遗址已重见天日。人们可以穿过神庙遗址抵达金字塔，然后沿着狭窄的通道进入金字塔内的墓室。时至今日，该地区仍不断有新的文物甚至墓葬被发现。

考古发掘

吉萨的考古发掘工作仍在继续。考古学家们至今仍在努力挖掘更多的历史信息——他们想进一步了解那些建造金字塔的人和长眠在此的法老。

死后的世界

古埃及人认为人死后会在另一个世界里继续生活。在这幅图里，死神阿努比斯正将亡者心脏的重量与羽毛的重量作比较。如果亡者一生行善，心脏就会比羽毛轻，从而有资格去冥界生活。

修建金字塔

此时，太阳刚刚升起，但哈夫拉金字塔的修建工作已如火如荼地展开。成群结队的工人急于完成这座巨大陵墓的收尾工作。其间，哈夫拉法老一行到现场视察工程的进展。视察队伍舒服地坐在一旁，远离建筑工地的灰尘和汗水。

1 斯芬克司
斯芬克司像的头部由一块从沙漠中发现的巨石雕刻而成。

2 法老的陵墓
金字塔即将完工。哈夫拉死后将长眠于此。

3 胡夫卡夫一世
担任最高官职维齐尔的胡夫卡夫一世是法老的兄弟，正在查看修建计划。

4 王后
哈夫拉的妻子——也是他的姐妹——卡梅伦贝蒂在称赞这座陵墓。

5 法老
哈夫拉对工程进度感到满意。他认为这座金字塔应该能让他永生。

6 坐在阴凉处
哈夫拉和女眷们享受着工人为他们特意搭建的遮阴棚。

7 坡道

巨大的石块被运到坡道上，以方便运到金字塔的更高层。

8 检查

刚刚有新的石块运到这里。石匠们在检查它们是否存在缺陷。

9 马斯塔巴

马斯塔巴是古埃及的贵族墓葬建筑形式之一，外形多呈平顶梯形六面体状。这座马斯塔巴是为胡夫卡夫一世建造的。

10 大金字塔

哈夫拉和他父亲胡夫的金字塔是吉萨最显眼的建筑。与巨大的金字塔相比，周围的一切都显得很渺小。

11 王后的陵墓

一些女性王室成员，比如哈夫拉的母亲荷努森王后，也拥有属于自己的小金字塔。

12 滚轮

将木制滚轮放在石块下方，可以更轻松地移动石块。

大金字塔内部

胡夫法老是哈夫拉法老的父亲，他知道自己价值不菲的陪葬品很容易成为盗墓者的目标。于是，他给自己的金字塔设计了多重防御结构，希望他的陵墓被封闭后盗贼无法进入。不幸的是，这些防御结构不足以阻止盗墓者——据说，他的墓室在他死后的几百年内已被洗劫一空。

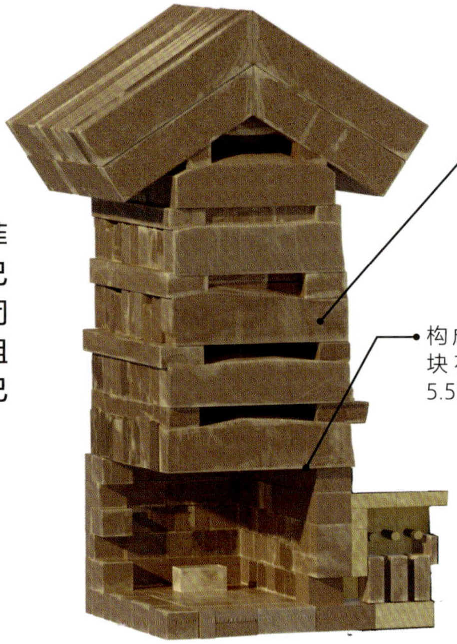

国王的墓室

胡夫金字塔的中心是法老的墓室，也被称为“国王的墓室”。整间墓室用红色花岗岩装饰。室内还有相配的花岗岩石棺。3 块巨大的花岗岩封住了墓室的入口。

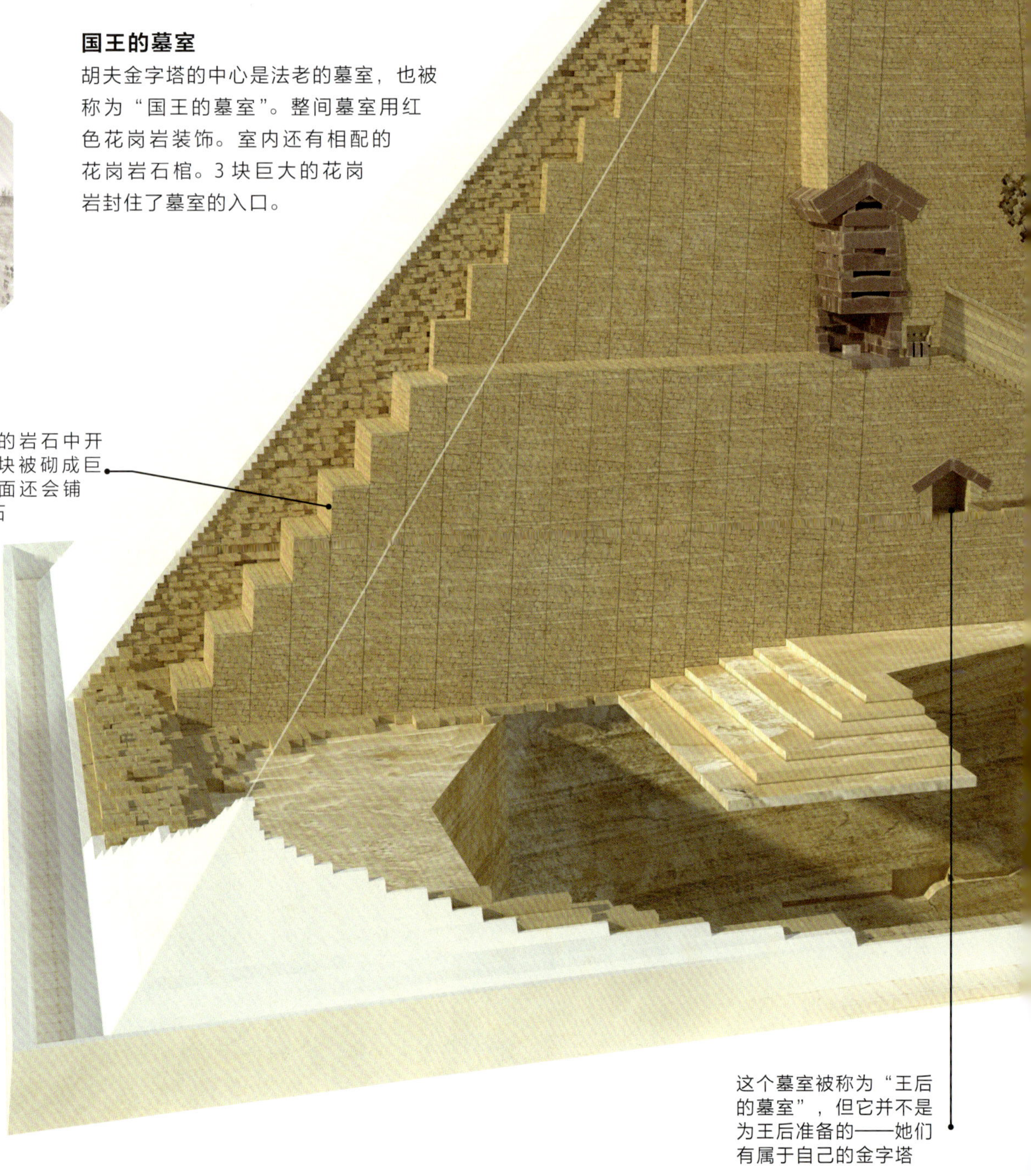

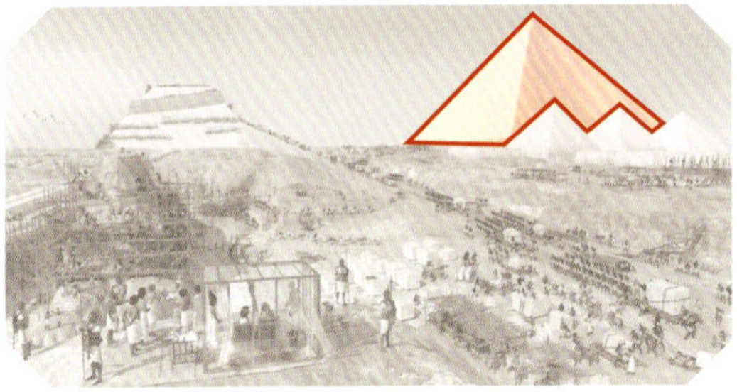

这尊小型胡夫雕像用象牙制成。它是在埃及城市阿拜多斯发现的

胡夫法老

据说胡夫是第一位在吉萨建造金字塔的法老。他的金字塔是世界上现存金字塔中最大的一座。该金字塔的底边精确地对准南北方位，呈现为一个几乎完美的正方形。

太阳船

1954 年，一名埃及考古学家在胡夫金字塔附近的一个墓坑中发现了一艘破碎的木船。考古学家们根据木船碎片上雕刻的符号将它们拼合了起来。这艘船可能在法老的葬礼上被用来运送法老的遗体。

这艘太阳船模型展示了太阳船曾经的样子

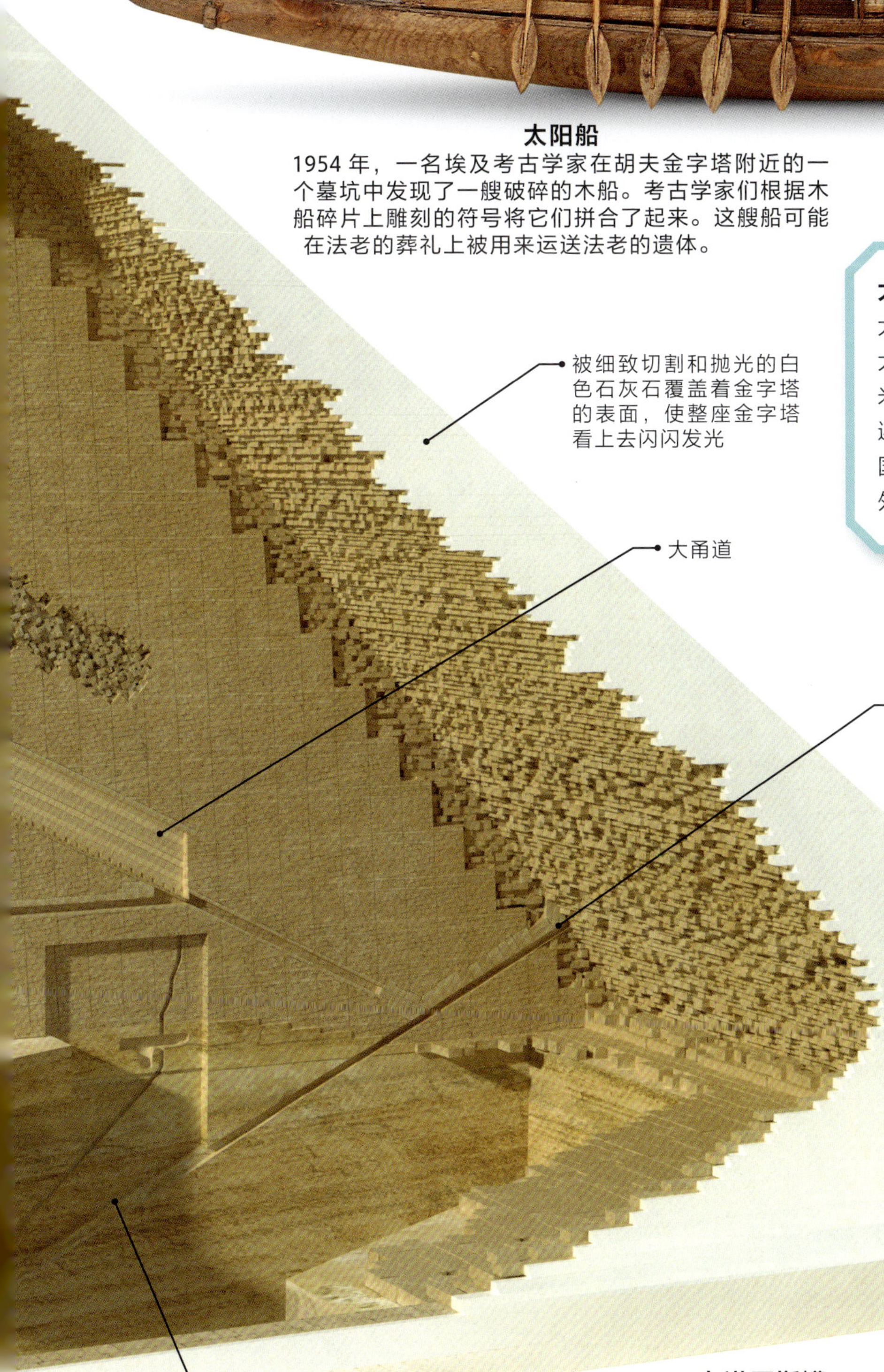

被细致切割和抛光的白色石灰石覆盖着金字塔的表面，使整座金字塔看上去闪闪发光

大甬道

这条通道是进出墓室的唯一途径。安葬好法老后，祭司们会沿着这条通道离开金字塔，然后封闭出口

这条通道通向另一个位于金字塔下方岩石中的墓室。这间墓室最初可能被选作法老的墓室，也可能是为了迷惑盗墓者而修建的

大甬道

大甬道是胡夫金字塔内最大的空间，长 47 米，高 8.6 米，向上延伸呈斜坡状，连接着位于金字塔中央的国王的墓室和通向金字塔外的隧道。

修建大金字塔用了 230 万块石头。

卡诺匹斯罐

在古埃及，人们会将遗体晒干并用布包裹，制成木乃伊后再下葬。由于人体内脏含水量大，保留内脏的遗体会无法制成木乃伊，因此，在制作木乃伊时必须先将内脏取出，放在被称为卡诺匹斯罐的容器中。

修建陵墓

在胡夫大金字塔的东边，正在建设一座重要的新建筑——一座平顶的马斯塔巴。它是为胡夫之子、哈夫拉的兄弟胡夫卡夫一世修建的。胡夫卡夫是王室成员，因此，他的陵墓也由专业工匠建造。

这些精致的雕刻上都涂有鲜艳的颜料，看起来栩栩如生

生平故事

墓室墙壁上的雕刻描绘了胡夫卡夫一世的生平。在雕刻图案中，胡夫卡夫一世正在接受供品，以供来世使用。这些雕刻现在看上去很朴素，但原本应该涂有鲜艳的颜色。

冥界的物品

陵墓里装满了死者在冥界可能需要用到的物品，包括衣服、家具、食物和珠宝。普通人的陪葬品往往很简单，而王室成员的陪葬品都是最好的东西。

这把金椅子是赫特弗瑞丝一世王后的陪葬品

油灯照明

古埃及人用装满油的碗制成油灯，灯芯用亚麻布捻成。在陵墓中工作的画工一般使用植物油来制作油灯，如芝麻油和蓖麻油，还会在油中加盐，以防止油烟破坏画作。

圣书字

圣书字也叫古埃及象形文字，是古埃及人使用的一种图形文字体系。在陵墓中，人们会用圣书字来追述逝者的生活和家族故事。胡夫卡夫一世墓中的铭文记录了他在埃及担任最高官职维齐尔，而且还是王后的儿子。

绘画材料

古埃及人的画笔是用绳子捆成束的草或芦苇。大多数颜料由有颜色的石块制成，如氧化铁可以制成黄色、赭色或红色的颜料。但埃及蓝这种颜色是通过在高温下混合并加热矿物质来合成的，因此非常昂贵。

技艺高超的画工们在墓室粉刷好的墙壁上勾勒出图画

一位石匠根据画工们的图画在墙上雕刻

“马斯塔巴”源自**阿拉伯语**中的“**长凳**”一词。因为这类陵墓的外观像长凳。

墓葬绘画

用各种图画装饰墓墙通常是一个漫长的过程，比如要完成这幅图画，工匠们需先粉刷墙壁，再由画工们画出图案，最后再填充颜色。

搬运石头

巨大的石块已经从海港运抵施工现场，用来修建哈夫拉金字塔。一群人将石块放在滑橇上，以便拖到金字塔处。最重的石块只凭人力是拽不动的，需要把很多木滚轮垫在石块下面才能移动。拉动滑橇时，要不停地在滑橇前面放置滚轮。

这个人正在指挥调度，这样各支队伍就不会撞到彼此

石匠们在打磨石块，确保它们的表面都是光滑的

木质滑橇被用于移动巨大的石块

铅锤

金字塔据信是用木头、绳子、石头等制成的简单工具精确建造的。右图是一个铅锤。用绳子将它挂在木制的 A 型架上，就做成了一个水平仪。当铅锤正好处于 A 型架的横梁中点时，就意味着 A 型架所在的表面是水平的。

石匠的工具

石匠们的工作是用铜凿子磨平石灰石。他们一只手拿着凿子，另一只手拿着木槌反复敲打，还得经常停下来重新打磨他们的工具，使之变得锋利。因此，有全职负责打磨工具的工匠来配合他们。

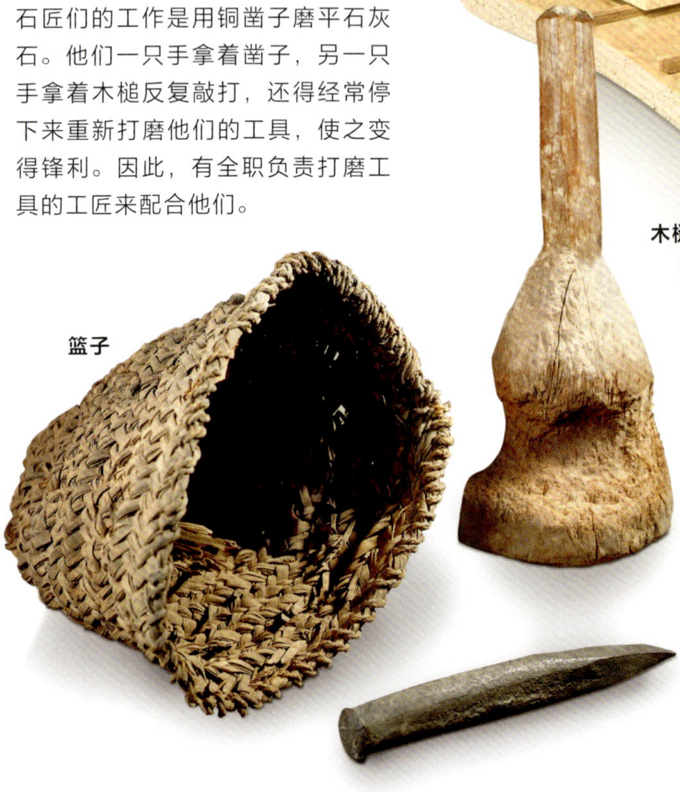

木槌

篮子

凿子

“啤酒让人心满意足。”

——公元前 2200 年的埃及谚语

护身符

古埃及人认为护身符具有保护力，这种能力会传递给佩戴它们的人。护身符的形状和颜色都有特殊的含义——荷鲁斯之眼象征着治愈，橙红色的红玉髓则代表活力和力量。

精美的珠宝

古埃及人无论男女老少都佩戴珠宝。所有者去世后，珠宝会作为陪葬品一起下葬，以求把财产带到冥界。这幅雕刻展示了金属工匠制作一条宽大珠串项饰的过程。这种项饰会覆盖佩戴者的锁骨和胸部。

酿造啤酒

啤酒是古埃及常见的饮料，劳工阶层经常饮用。许多酿酒师是女性，就像右图中的墓葬塑像展示的那样。她们将面包碎浸在水中，放在罐子里发酵，制成啤酒，并添加海枣和蜂蜜来使酒变甜。

古埃及墓葬画

古埃及富人的坟墓内墙上绘有繁复多彩的画作。这些图画讲述了谁是墓葬的主人，以及他们需要做什么才能进入冥界。在底比斯的一幅墓葬画中，长着胡狼头的死神阿努比斯正在处理一具遗体，准备将它做成木乃伊。

波斯波利斯的宫殿

波斯波利斯位于如今伊朗境内的偏远山区，是一处古城遗址。它曾经是波斯帝国的都城之一。在当时，大图中的宫殿和寺庙建筑群可能全年都无人居住。只有在新年期间，帝国的君主才会在宫殿中接受各地臣民的朝拜和进贡。

帝国的中心

波斯波利斯地处波斯帝国的中心地区，即现在的伊朗。波斯帝国曾经从这个地区扩张到了东欧和印度西北部。

大流士一世

波斯波利斯由大流士一世于公元前518年开始兴建。他将波斯帝国划分成名为“萨图拉皮亚”的多个行省。每年，各行省都必须向君主进献珍贵的礼物，以示忠诚。

这件华丽的金银制品是一尊长着翅膀的山羊像

贵重的贡品

这尊跳跃山羊像曾经是一个精致花瓶上的两个把手之一。花瓶是进献给君主的贡品。波斯帝国的每个行省都必须进贡，否则就会受到严厉的惩罚。

用旋涡图案表示人物的卷发

这件雕塑由青金石制成。青金石是一种半宝石，因其天然浓烈的蓝色而备受推崇

头像

这件小型雕像可能是某位波斯王后或年轻王子的头像。它是在亚历山大大帝攻打波斯波利斯后留存下来的为数不多的文物之一。

阿帕达纳宫

阿帕达纳宫是波斯波利斯的宫殿中的重要场所。进贡者要登上宏伟的楼梯，才能在这里觐见君主并献上贡品。与波斯波利斯的大部分建筑一样，阿帕达纳宫在公元前330年亚历山大大帝攻打波斯波利斯时被毁。被遗忘了近2 000年后，它于17世纪被重新发现。

地基

在阿帕达纳宫的地基下发现了两块金牌匾。上面的文字概述了波斯帝国的领土范围，并用3种不同的文字感谢阿胡拉·玛兹达神。

阿胡拉·玛兹达

波斯人信奉琐罗亚斯德教（又称祆教、拜火教）。该教信奉光明神阿胡拉·玛兹达。在这幅波斯波利斯的雕刻中，阿胡拉·玛兹达以人形从带翼圆盘中升起。

庆典

波斯波利斯洋溢着浓厚的节日气氛——此时在举行诺鲁孜节（又称开春节）的庆祝活动，数以百计的朝臣和使者列队进宫向君主致敬。过节时的城市拥挤而嘈杂，到处都是来自帝国各地的人和动物。当人们进入阿帕达纳宫时，有专门的官员监督这激动人心的场面。

公牛的力量

波斯圆柱的顶部通常装饰有狮子、狮鹫和公牛等动物的雕像。公牛雕像是最常见的装饰之一，这也许是因为公牛代表着力量。公牛雕像背部的设计也有助于支撑屋顶的重量。

这座公牛雕像的胸前装饰着旋涡图案

这只角状的来通杯上装饰着咆哮的狮头

饮酒用的“喇叭”

诺鲁孜节的庆祝活动十分热闹。来到波斯波利斯的客人在此期间会用精致的角状来通杯享用饮品。

进献动物

在波斯波利斯发现的雕刻表明人们曾将来自波斯帝国各地的动物当作贡品。这块浮雕展示了来自中亚的巴克特里亚人向君主进献骆驼的场景。

马车和道路

波斯帝国的交通网络很发达。波斯人多使用马车在帝国广阔的领土上穿梭，因为马车可以快速地转移兵士和货物。这个小小的金色雕像展示了一位地方长官正乘坐马车巡察他治下的区域。

这个人可能是一位总督，即行省的最高长官

有四匹马拉车

1 长生军
波斯帝国的君主由一支名为长生军的训练有素的精锐部队护卫。

2 来自中亚的骆驼
这只骆驼来自中亚的巴克特里亚王国，被进献给波斯君主。

3 来自南方的礼物
这些使者来自埃及以南的努比亚。他们带着象牙和当地的动物獾狮狓。

4 列队觐见
朝臣和使者们依次登上台阶，地位高的人排在前面。

5 分心的大臣
队伍中的一些人被发生在台阶下面的事件吸引了注意力。

6 饮酒小憩
来自北方的斯基泰人正在享用饮品。

7 管控秩序
两名官员试图让游行队伍继续前进。他们的马车占着有利的位置。

8 珍贵的粉末
一名来自信德行省（今巴基斯坦）的男子拿着装满珍贵金粉的罐子。

9 什么气味？
庆祝活动上有这么多动物，到处都是它们的粪便。你会想要捏住自己的鼻子！

10 愤怒的妈妈
这只母狮子被作为贡品带到这里。它很生气，因为它的宝宝正被不认识的人类抱着。

11 危险的游戏
一个斯基泰人正在与一只幼狮玩耍。他没有意识到愤怒的母狮就在他面前。

长生军

长生军是波斯帝国最精锐的部队。他们在战场上会带头进攻，还担任君主的贴身侍卫。这幅来自波斯帝国都城之一苏萨的镶嵌画展示了一队全副武装的长生军士兵。他们的装备有长矛、弓箭和装满箭的箭袋。

奥林匹克竞技会

在希腊乡村连绵起伏的丘陵中，一片神圣的橄榄树林旁，坐落着一座祭祀宙斯的城市——奥林匹亚。从公元前 776 年到公元 393 年，这里每四年举行一次宙斯节，节日期间还会举办奥林匹克竞技会。奥林匹克竞技会是古希腊文化高峰的象征。

现代奥林匹克竞技会的发源地

奥林匹亚位于希腊南部的伯罗奔尼撒半岛，地处两条河流的交汇处，距伊奥尼亚海不远。

1 赛跑和标枪投掷等赛事在竞技场进行。

2 克罗诺斯山上长满了橡树和橄榄树。它们是宙斯的象征，具有神圣的意义。

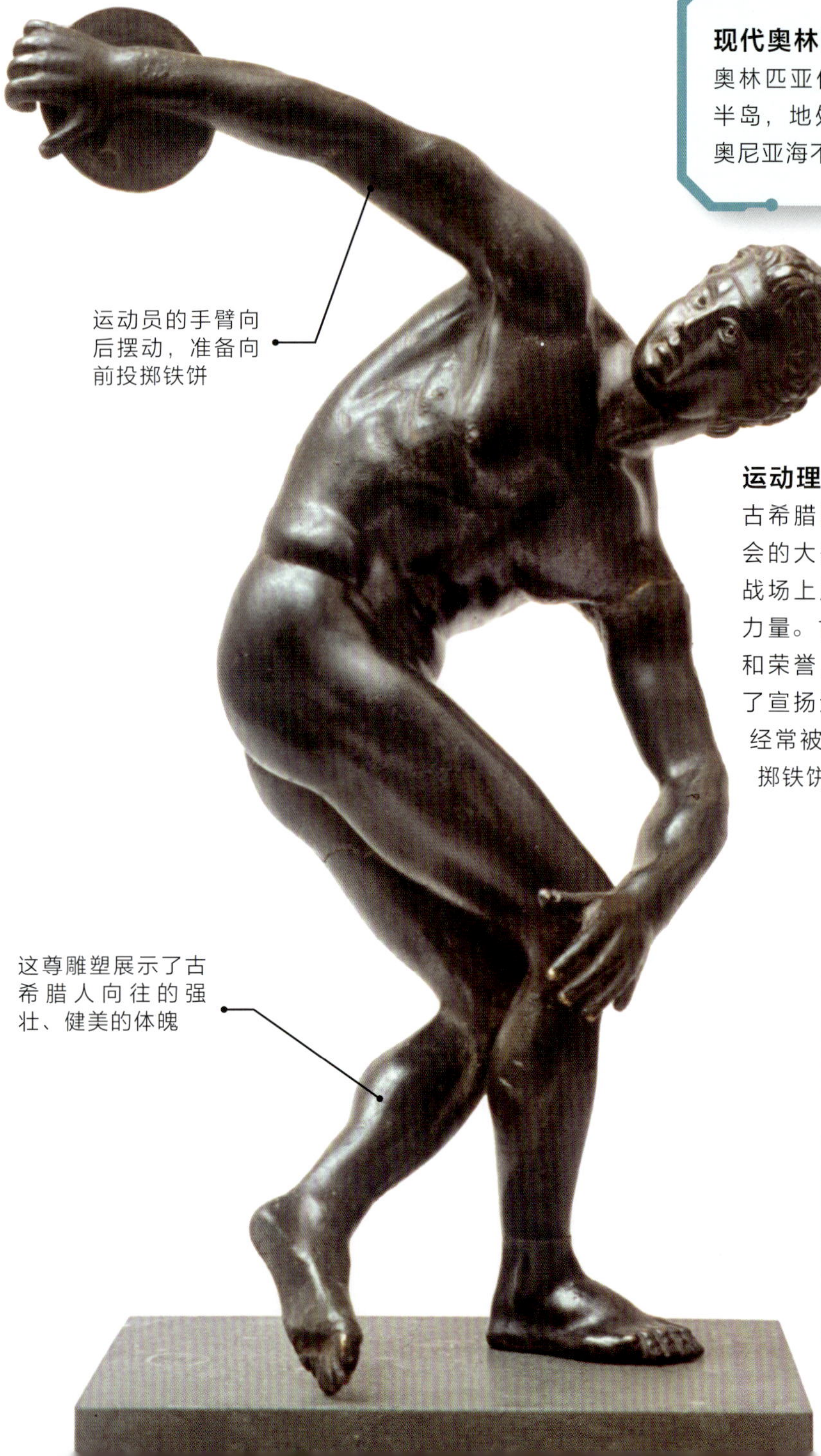

运动员的手臂向后摆动，准备向前投掷铁饼

这尊雕塑展示了古希腊人向往的强壮、健美的体魄

运动理念

古希腊的城邦间争斗不断。竞技会的大多数运动项目都注重锻炼战场上所需的技能，例如速度和力量。古希腊人重视美感、纪律和荣誉，奥林匹克竞技会就是为了宣扬这些理念。运动员的形象经常被塑成雕像，比如左图这位掷铁饼的运动员。

宙斯的荣耀

古希腊人信奉神明，崇拜其力量。奥林匹克竞技会就是为了祭祀众神之王宙斯而举办的。宙斯是希腊神话中的主神，也是天空之神和誓言的守护者，负责维护秩序和正义。

发展中的奥林匹亚

奥林匹亚城经历了几个世纪的发展。当地从公元前 6 世纪开始兴建建筑物和雕像。城市的核心区域围绕圣地而建，圣地就是这张照片中的宙斯神庙和赫拉神庙之间的区域。后来增建的设施包括环绕圣地的一堵围墙、训练馆和供观众居住的旅店。

3 公元前6世纪，赫拉神庙成为在奥林匹亚建造的第一座神庙。

4 宙斯神庙是奥林匹亚最重要的建筑，始建于公元前5世纪，内有巨大的宙斯神像。

5 建于公元前3世纪的体育馆是拳击手和摔跤手训练的地方。

奥林匹亚硬币

负责组织节日活动的古希腊城邦伊利斯特别制作了纪念硬币。硬币的一面是宙斯头像，另一面是他的神鹰。

书面证据

我们对古代奥林匹克竞技会的了解大部分来自早期旅行家的详细书面记录，例如 2 世纪的古罗马旅行家和地理学家保萨尼亚斯所著的十卷《希腊志》。

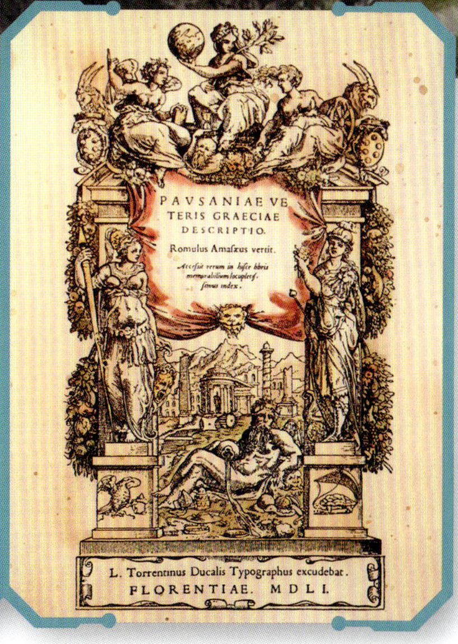
PAVSANIAE VETERIS GRAECIAE DESCRIPTIO.
Romulus Amasæus vertit.
Accessit rerum in hisce libris memorabilium locupletissimus index.
L. Torrentinus Ducalis Typographus excudebat.
FLORENTIAE. MDLI.

竞技会

宙斯节的庆祝活动正在如火如荼地展开。希腊各城邦的运动员纷纷来到奥林匹亚，渴望展现自己的竞技实力。普通人也有很多事情可以做——他们聆听演讲，观看比赛，购买食物，并打听最新的消息。

1 赫拉神庙 这座神庙为宙斯的妻子赫拉而建，是奥林匹亚最古老的神庙。

2 献祭 一名运动员在向神明奉献祭品，以祈求比赛中没人作弊。

3 宙斯祭坛 祭坛上有祭祀时火化动物形成的灰烬。今天，这里还将献祭100头牛。

4 珍贵的供品 这些建筑物存放着贵重的供品，例如盔甲和雕像。

5 烧烤 人们已经点燃了炉火，空气中弥漫着烤肉的味道。

6 竞技场 田赛和径赛项目都在这里举行。场内座位可容纳4万名观众。

7 排队
人们正在排队品尝摊位上的烤肉。

8 拳击比赛
失败的一方会竖起一根手指，承认自己输掉了比赛。拳击手们都赤身裸体，没有防护装备。

9 雕像
场地周围那些精美的雕像是为了纪念过往的奥运冠军。

10 宙斯神庙
这是奥林匹亚最大的建筑，里面有一尊巨大的宙斯神像。

11 演说家
这名演说家希望借演讲扬名。

12 神圣的树
这个人剪下橄榄树的枝条，为胜利者制作花环。

竞技场

武装赛跑正在进行，竞技场内挤满了观众。他们兴奋地叫喊，为参赛者加油。运动员们却在绕过折返点的时候撞在了一起。在评委席上，评委们时刻注意着是否有人作弊。

运动员绕过折返点的柱子时要避免跌倒

裁判命令一名作弊的运动员支付罚款

竞技项目

田径比赛是古代奥林匹克竞技会的重要组成部分，包括标枪、跳远、铁饼和赛跑等多个项目。正如这个花瓶上的图案所展示的那样，正在赛跑的运动员都是赤身裸体，没有穿着或携带任何会减慢速度的东西。

这个花瓶上的图案展示了3名赛跑运动员的激烈竞争

武装赛跑

如大图中展示的那样，运动员们手持盾牌，身着铠甲，头上还戴着沉重的头盔。比赛是在竞技场的直道上进行的。运动员们要沿着直道冲刺，绕过充当折返点的柱子后再原路返回。若想赢得比赛，需要过人的速度和力量。

一切为了胜利

这幅画展示了古代奥林匹克竞技会冠军的奖品：用神圣的橄榄树枝条制作的花环。获胜的运动员会赢得名声，有时也会得到金钱奖励。

为了抢到好位置，
观众不时互相推搡

评委们坐在这个区域，
可以更好地看到整个竞
技场的状况

评委

奥林匹克竞技会的组织者和裁判被叫作Hellanodikai，意为“希腊人的法官”。他们有权决定谁可以参加比赛，然后将运动员按年龄分组，监督其训练。他们还要在比赛中判定谁是获胜者，并惩罚作弊行为。

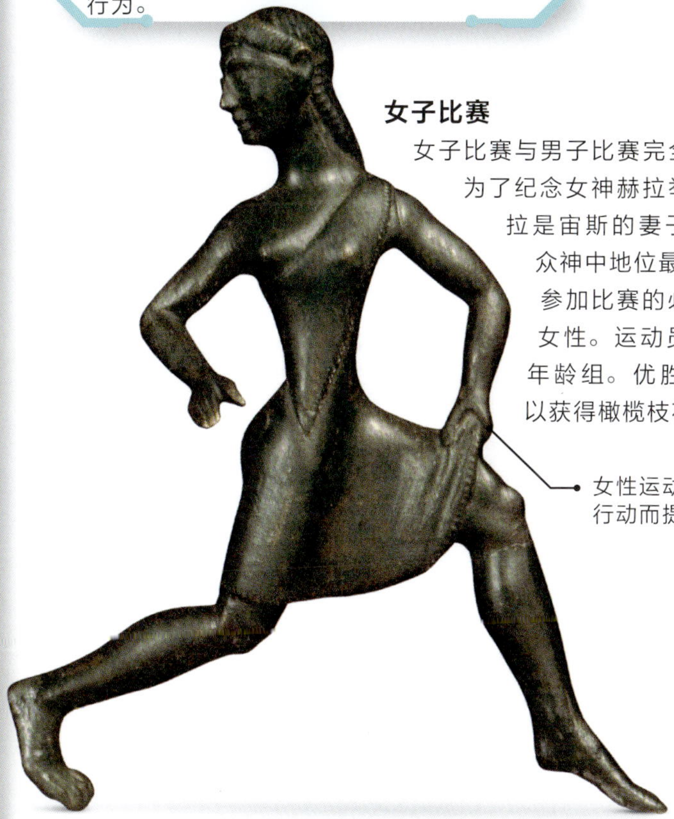

女子比赛

女子比赛与男子比赛完全分开，是为了纪念女神赫拉举办的。赫拉是宙斯的妻子，也是在众神中地位最高的女神。参加比赛的必须是未婚女性。运动员分为3个年龄组。优胜者同样可以获得橄榄枝花环。

女性运动员为方便
行动而提起裙子

跳跃辅助工具

参加跳远比赛的运动员双手各拿着一块叫作halteres的石头。运动员跳到空中时，会将石头抛向前方，以增加动能，帮助他们跳得更远。

运动员利用这个
洞来抓住石头

宙斯神庙

这座供奉众神之王宙斯的神庙建于公元前 5 世纪，是一座令人叹为观止的建筑。白色石膏如大理石般闪闪发光，彩色部分的颜色鲜艳分明。在神庙里，一尊巨大的宙斯神像占据了主要位置。神像建成四年时，就已经因其巨大的规模和华丽的外表而名声在外。一群游客走上神庙台阶，准备瞻仰神像并向全能的宙斯致敬。

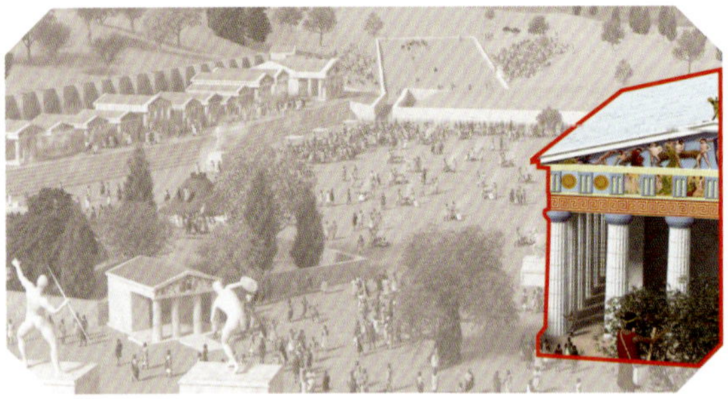

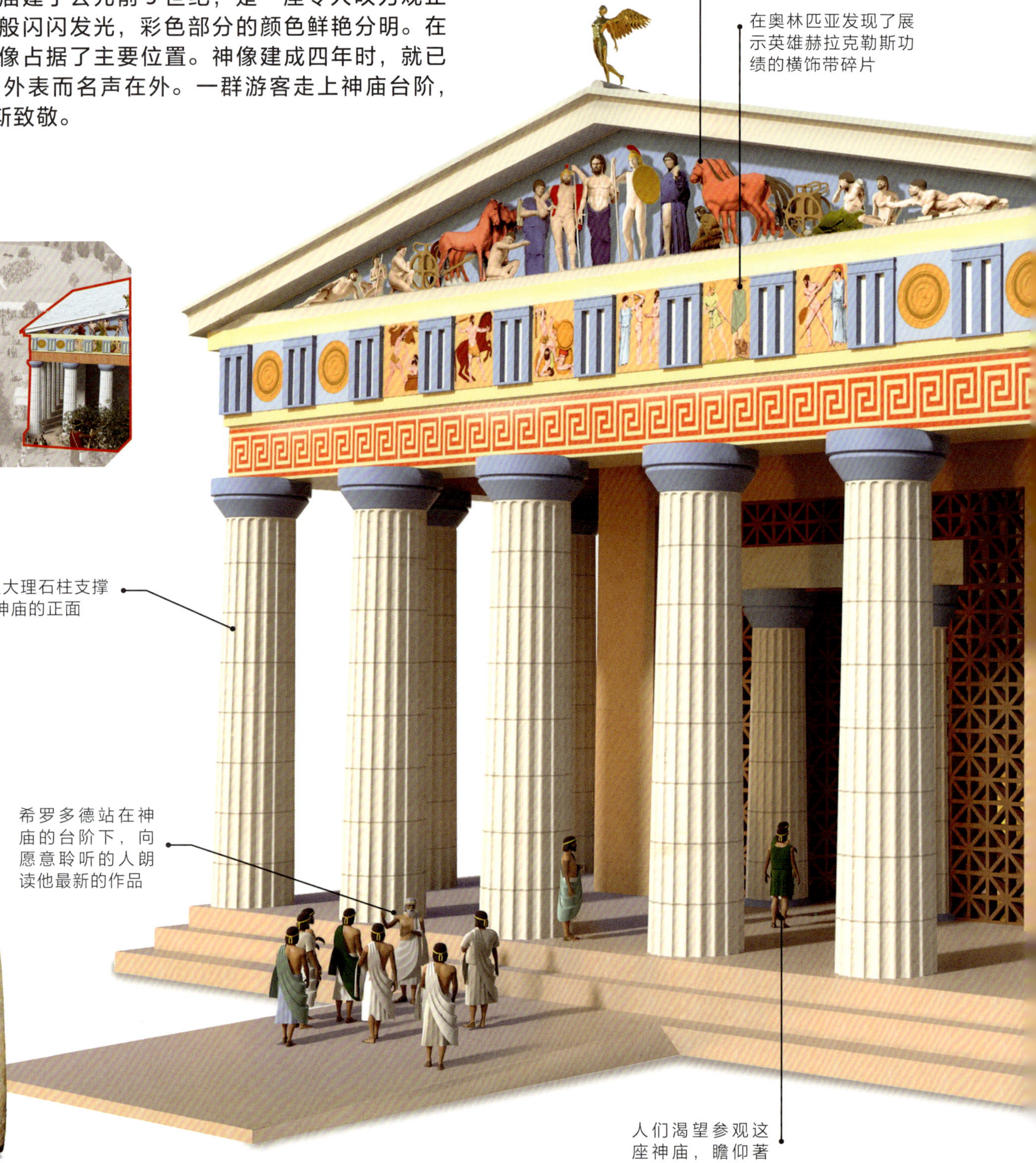

希罗多德

古希腊作家、历史学家，曾参加了公元前 426 年的奥林匹克竞技会。当时他站在宙斯神殿东侧的台阶上，大声朗读他的著作《历史》。

“很快，希罗多德就比奥林匹克竞技会的冠军们更加出名了。他的名字无人不知，无人不晓。”

——2 世纪，萨莫萨塔的琉善

珀罗普斯和希波达弥亚

宙斯神庙东侧的雕刻描绘了珀罗普斯和希波达弥亚的故事。珀罗普斯在赢得了战车竞赛后，也收获了与希波达弥亚的婚姻。传说他在胜利后创立了奥林匹克竞技会。在这幅雕刻中，希波达弥亚乘着珀罗普斯的战车。

宙斯的右手拿着胜利女神奈基的雕像

宙斯的左手握着一根鹰头权杖

宙斯神像高约13米

帕奥纽斯的奈基像

奈基是希腊神话中的胜利女神。这尊雕刻于公元前 5 世纪的奈基雕像出自古希腊著名雕塑家帕奥纽斯之手。考古学家们在 1875 年发现了雕像碎片，并将其拼合起来。雕像塑造了一位正在飞行的长着翅膀的女性，衣服轻轻飘起。雕像高约 2 米，为大理石材质，可能曾经涂有颜色。

目前只发现了雕像的部分手臂

世界奇观

菲迪亚斯是公元前 5 世纪生活在奥林匹亚的著名雕塑家。20 世纪，在他工作室的遗址中出土了用来制作宙斯神像的黏土模具碎片。这座雕像被公认为世界七大奇观之一。古代奥林匹克竞技会被罗马皇帝禁止后，宙斯神像被古罗马人运走，最终在君士坦丁堡被大火焚毁。

这个模具被用来制作宙斯神像衣服上起皱的部分

被封存的庞贝古城

庞贝是古罗马一座繁忙的港口城市。79 年 8 月 24 日下午早些时候，维苏威火山喷发了。浓烟和火山灰瞬间笼罩在庞贝的上空。火山灰湮没了这座城市，并用残酷的方式将其完美地保存了下来。庞贝遗址为后世了解古罗马人的生活提供了独一无二的资料。

庞贝

庞贝位于罗马帝国的首都罗马以南，那不勒斯湾东海岸的维苏威火山附近。当时，庞贝的常住居民大约有 2 万人，其中大部分是罗马帝国公民。

蓝色玻璃壶

维苏威火山喷发时产生的火山灰将许多精致的物品保存了下来，比如这个完好的玻璃壶。通过研究该壶，历史学家可以了解古罗马人是如何制作和使用它的。

这种蓝色是通过在玻璃中添加含有氧化钴的矿物得到的

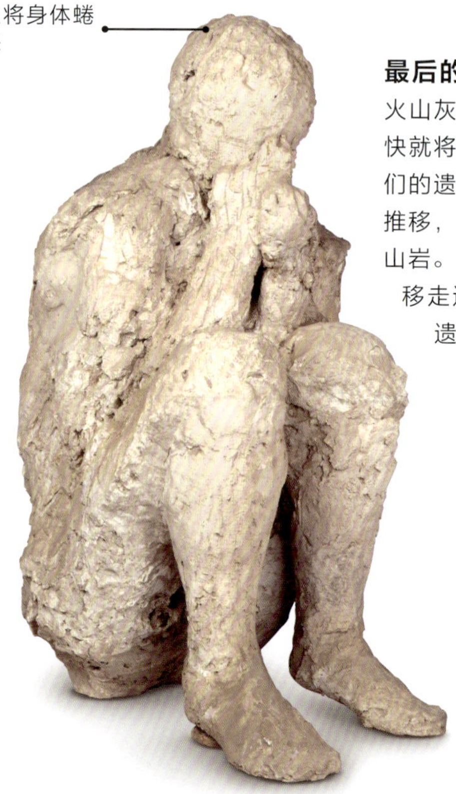

火山灰落下时，这个人将身体蜷缩起来

最后的时刻

火山灰如大雨般落在庞贝城中，很快就将因吸入火山灰窒息而死的人们的遗体掩埋了起来。随着时间的推移，灰烬和碎屑变硬了，形成火山岩。如今，考古学家将石膏倒入移走遗骸后留下的空处，以制作遗骸的模型。

专业工具

要挖掘古代遗址，考古学家们必须非常小心地工作。刷子和挖掘工具都是他们常用的工具。

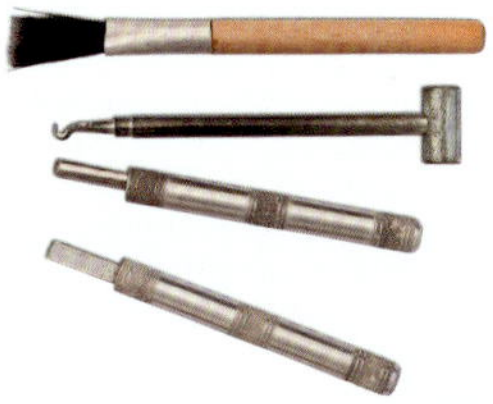

早期发掘

人们一直都知道那不勒斯附近有一座被掩埋的古罗马城市。但直到 1748 年，发掘工作才正式开始。这张照片展示了 19 世纪后期庞贝遗址的考古发掘现场。

屋顶上的遗骸

这些遗骸可能是最后一批在灾难中离世的居民。它们是在一栋房子的屋顶上被发现的。这些居民可能试图爬上屋顶，以躲避危险。

在火山的阴影下

环绕庞贝遗址的古城墙长约3千米。如今，在它附近，现代化的庞贝小镇已经兴起。摧毁了这座城市的维苏威火山在远处隐约可见。自庞贝城毁灭以来，这座活火山已经喷发过多次，没有人知道下一次会是什么时候。

1 城市边界

庞贝城利用城墙控制出入城市的通道。

2 网格规划

许多古罗马城市的规划都采用网格状布局，道路垂直交叉。

维苏威火山爆发

一位名叫小普林尼的年轻古罗马作家亲眼见证了维苏威火山的喷发，并记录了下来。他的目击描述启发了后来的艺术家，例如画出下面这幅画作的18世纪的法国画家皮埃尔-雅克·沃莱尔。

1
2
M HOLCONIVM
3
4
5

最后一日

79 年 8 月 24 日，在名为维蒂巷的街道两侧，庞贝城的市民正在聊天、购物，享受着日常的生活。忽然，黑色的浓烟从他们身后的山上升起。一开始，人们并不确定发生了什么。应该担心吗？庞贝城以前也曾经历过地震，但这次的感觉却大不一样。

1 上升的火山灰云
巨大的火山灰云升上天空，这是在警告人们火山即将喷发。

2 店铺招牌
庞贝城用雕刻出的图案做店铺招牌，比如这个图案代表一头驴。

3 交涉
一幅壁画在先前的地震中受损。奥卢斯·维提乌斯·康维瓦接受了修复它的报价。

4 来自各地的定居者
很多来自各地的人以庞贝城为家，这个北非人就是其中之一。

5 过马路
古罗马城市的街道上垫有石头，这样人们在下雨天过街时就不会弄湿脚。

6 修屋顶
这些砖瓦在最近的一次地震中被损坏了。对维修工来说，庞贝城还有很多地方亟待整修。

7 涂鸦
古罗马时代就已有街头涂鸦。这面墙上写着“赛昆德斯迎接普里马”。

8 面包店
庞贝城里至少有 35 家面包店——买面包比自己在家烤要方便得多。

9 小吃店
大多数居民没有自己的厨房。他们会在这种小吃店买食物。

10 意外
这名奴隶失手摔碎了橄榄油壶。橄榄油常被用于古罗马式烹饪中。

11 不出水的水泵
这个水泵已经无法出水，地震可能损坏了输水管道。

面包店里的恐慌

面包师习惯了炉火的高温。他从凌晨开始工作，一切正常运转。然而此刻，恐慌和担忧在他的周围蔓延。为什么地面在震动？山上的那团灰是什么？也许他应该逃离这座城市。

古代的面包

这块面包是在庞贝城附近的小镇赫库兰尼姆的一个烤箱中发现的。火山喷发的热量将其炭化并保存了下来。上面的印记是对面包质量的保证。

面包师的妻子收拾好家里的财物，为离开这座城市做准备

面包店是用切割好的石块建造的，建造时用砂浆把石块砌在一起

古罗马建筑的墙壁上通常覆盖着一层薄薄的灰泥，这能让墙面变得更加光滑

朋友过来警告面包师夫妇——外面黑色的火山灰云正在快速积聚

面包师的学徒带着拉磨的驴子逃走了

面包店的地板需要不断清洁，以保证地上没有面粉

石质地板耐磨且易于清洁

驴子价格昂贵。这说明面包店的生意很好

遗落的钱币

古罗马钱币由金、银或青铜制成，铸有彼时皇帝的头像。这些铜币上的头像是韦斯巴芗皇帝。

人们在一个大陶罐中发现了1 385枚硬币，左图展示了其中的一部分

“人们为自己或亲人的命运悲叹。有些人在面对死亡的恐惧中祈祷。”

——古罗马作家小普林尼（约62—约113）

从谷物到面包

面包店通常自己研磨面粉，然后烘烤面包。他们使用的烤箱很大，以木头为燃料。大型面包店通常有数个石磨，每个石磨都由两块巨石组成，谷物在两块巨石之间被碾碎。拉磨的可能是驴、马，也可能是人。

这个石磨通常由驴子拉动，但驴子已经跑了

维持烤箱的温度需要燃烧大量木材

这个人在观望究竟会发生什么，以决定是否离开

与我们今天食用的面粉相比，当时最好的面粉也显得很粗糙

这只狗戴着一个镶有饰钉的青铜项圈

最后的时刻

庞贝城居民饲养的狗既是宠物，也能看家护院。维苏威火山喷发时，这只被拴起来的狗无法挣开项圈逃跑，最终在原地死去。

火神

古罗马人信奉众多神明。他们崇拜火神伏尔甘，祈盼他能阻止火山喷发。在每年的8月23日，古罗马人都会举办火神节。

酒馆在颤抖

这家小酒馆是庞贝人购买餐点或酒水的热门场所。通常，人们会在这里打听最新的消息。但今天的气氛令人不安——地震频繁发生，人们很害怕。

庞贝人的食物

庞贝人的饮食包括丰富的水果、蔬菜、鱼、坚果、橄榄等。火山喷发使一些食物炭化，因此得以完好地保存了数千年。

小吃店柜台

古罗马的小吃店被称为thermopolium。这种店铺售卖快餐，店员会从放在柜台上的大陶罐里取出现成的饭菜。受欢迎的食物包括汤、炖菜、面包和奶酪。

日用器皿

大多数有钱人会使用黏土或青铜制成的盘子、杯子和壶。这个鸡形壶可能是用来装水或酒的。

因为忙着修屋顶，这个人过了好一会儿才注意到小镇上空的火山灰云团已变得很大了

笊篱

长柄舀子

瓮

烹饪工具

小吃店的厨师要招待大量饥肠辘辘的食客。他们会使用一系列工具快速、有效地完成这项工作，这些工具包括钳子、榨汁器和长柄舀子，大多由青铜制成。

壁画

古罗马人喜欢用湿壁画装饰墙壁。他们先在墙上抹上灰泥，然后趁灰泥未干时迅速作画。在灰泥变干的过程中，颜料会被墙壁表面吸收，经久不坏。

水泵上饰有牛头雕刻

鱼酱通常被放在双耳高陶罐中储存和运输

鱼酱

鱼酱又名加鲁姆酱，是古罗马人最喜欢的酱汁，由鱼肉、鱼的内脏和盐混合后发酵而成。鱼酱在制作过程中一定非常臭。

海洋镶嵌画

许多宏伟的古罗马建筑的墙壁和地板都装饰着镶嵌画，即由小块方形玻璃、石子、陶片镶嵌而成的图画。这幅细节丰富的镶嵌画以古罗马人最喜欢的海鲜为主题。它是在庞贝城的住宅“农牧神之家”中被发现的。

维京海盗入侵英国

林迪斯法恩是来自北欧的维京海盗第一次入侵英国时突袭的地点之一，岛上曾经有一座繁荣的修道院。今天，这里几乎看不到当时的建筑了。考古学家们正在深入挖掘，以寻找更多关于这个曾十分出名的基督教文化艺术中心的线索。

国王的礼物

林迪斯法恩岛位于如今英格兰地区的边缘。林迪斯法恩修道院由诺森布里亚王国的奥斯瓦尔德国王下令修建。诺森布里亚王国是中世纪早期的一个盎格鲁-撒克逊王国。635 年，国王邀请一个名叫艾丹的修士在岛上建立一个基督教机构。该修道院距离维京海盗的故乡斯堪的纳维亚半岛只有几天的海程。

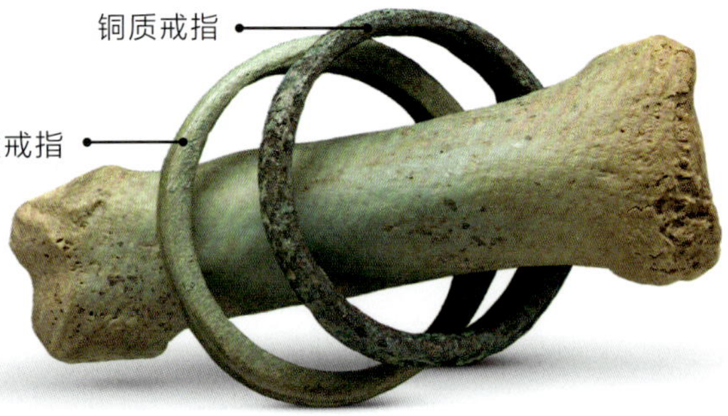

戒指和遗骸

这对戒指是在一块指骨碎片周围发现的。它们可能属于死在修道院里的朝圣者（朝拜宗教圣地的信徒）。

盎格鲁-撒克逊人的现金

这些硬币来自诺森布里亚王国及其附近的约克郡，价值很高。当时的林迪斯法恩很富有，吸引了许多有钱的游客。

这枚硬币上铸有盎格鲁-撒克逊王国国王的头像

石头上刻着一个女性的名字

石刻

在林迪斯法恩，人们用刻有名字的石头作为墓碑。这块砂岩石刻大概来自维京海盗入侵英国的时代，它涂有鲜艳的色彩，可能曾嵌有一颗宝石。

这座12世纪的修道院的遗址正俯瞰着早期盎格鲁-撒克逊人的修道院遗址。

发掘岛屿

793 年维京海盗的入侵并没有彻底毁灭林迪斯法恩的基督教社区。修士们继续在那里生活。大约 500 年后，人们在林迪斯法恩遗址上兴建了一座新的修道院，遗迹存留至今。考古学家定期进行发掘工作，以更好地了解该岛各历史时期的情况。

棋盘游戏

这块蓝白相间的玻璃制品是一种军棋游戏的棋子。这种游戏叫“板棋”，玩法类似国际象棋。这枚棋子可能是当地富人的陪葬品。丹麦人也有自己的板棋——这种游戏在整个北欧都很流行。

有5个白点的王冠意味着这可能是一张王牌

维京铁器

与布料不同，铁质工具和武器可以在地下保存几个世纪。这把维京人的剑的剑柄曾有皮革包边，更便于握持。现在皮革的部分已经腐烂，只留下了铁质剑柄。

剑格在战斗中可以保护战士的手

1 嚣张的掠夺者
这个维京海盗正在追逐一个带着教堂的珍宝逃跑的修士。

2 居所
修士和朝圣者的住处被洗劫和焚烧。

3 教堂
教堂的建筑材料以石料为主，所以不会像木质建筑那样燃烧起来。

4 出逃的村民
在修道院附近生活的村民纷纷出逃，以躲避入侵者。

5 俘虏
俘虏们排队上船。他们将被带到海盗的大本营——斯堪的纳维亚半岛。在那里，等待他们的是艰难的奴隶生活。

6 受惊的马
铁匠铺外，一匹等着钉蹄铁的马惊恐地直立起来。

维京人的突袭

793 年，在夏日的骄阳下，一支陌生的船队悄悄驶进了林迪斯法恩的港口。接下来的几个小时内，疯狂的入侵者四处搜索战利品并抓捕俘虏，这个宁静的地方转眼间变成一片废墟。

7 自卫
铁匠试图用他的重锤让入侵者远离熔炉。

8 突击战术
入侵者挥剑冲向一名村民，这位村民正试图保护自己的家园和家人。

9 石质十字架
这个雕刻精美的十字架是为了纪念被埋葬在这里的林迪斯法恩主教圣卡斯伯特。

10《圣经》
一名修士恳求入侵者不要夺走他抄写了几个月的《圣经》。

11 逃脱的小猪
一只小猪从农场里逃了出来。与今天的猪相比，中世纪的猪体形更小，毛更多。

12 起航
这艘维京长船正准备扬帆起航，返回斯堪的纳维亚半岛。

圣卡斯伯特

维京海盗入侵前100年左右，英格兰北部诺森布里亚王国的奥斯瓦尔德国王任命了一个名叫卡斯伯特的修士，让他担任林迪斯法恩主教。卡斯伯特离世后葬在了林迪斯法恩岛上。不久之后，很多在他墓前祈祷的人都声称见到了奇迹。几年之内，岛上的修道院吸引了成千上万的朝圣者。

宗教中心

主教堂是修道院建筑群中最宏伟的建筑，也是基督教社区繁忙的中心。全天都有修士在这里祈祷。源源不断的游客前往圣卡斯伯特墓，向他表达敬意。

宝箱

教堂最珍贵的物品被保存在精美的箱子里，比如这个来自意大利的银制宝箱，它的表面还饰有宗教人物像。

生活在林迪斯法恩

林迪斯法恩岛面积很小，但岛上的修道院在基督教世界中享有盛名。成千上万的教徒前来祈祷并欣赏修士们的作品，比如装饰精美的经文和其他宗教物品。修道院旁是一个繁忙且富裕的村庄，但没有防御设施。对维京海盗来说，林迪斯法恩岛是完美的劫掠目标。

《林迪斯法恩福音书》

《林迪斯法恩福音书》是一本书写精美的泥金装饰手抄本福音书，作者据信是林迪斯法恩主教埃德弗里斯。《林迪斯法恩福音书》如今仍保存完好，只有封面（据说上面饰有黄金和珠宝）丢失了，它可能是在维京海盗入侵时被盗的。

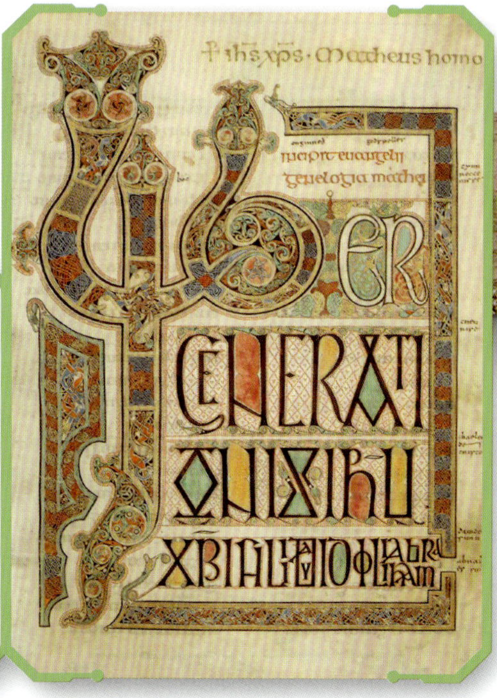

奔跑的马匹

在盎格鲁-撒克逊人统治的英格兰，骑马是除行船外最快速的交通方式。铁匠因此发挥了重要的作用。他们负责制作保护马蹄的马蹄铁和使骑马更轻松的马镫。

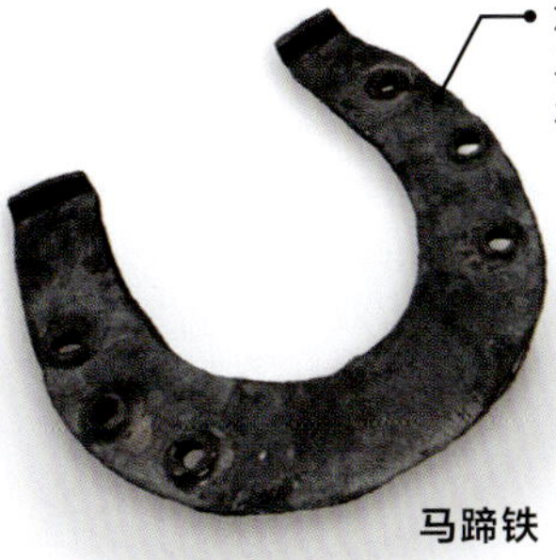

马蹄铁

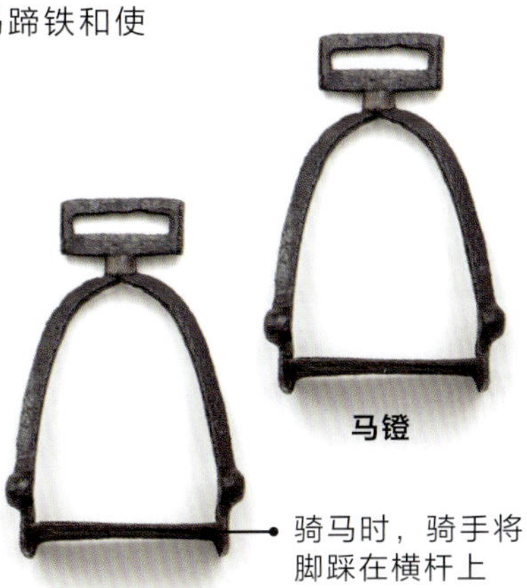

马镫

传奇工匠

铁匠在当时备受尊重，他们甚至可以成为神话和民间故事中的英雄。这个匣子最左边的部分雕刻的是关于韦兰的传说。他是一名技艺高超的铁匠，对俘虏他的国王进行了血腥的报复。

村庄铁匠铺

铁匠是村庄里的重要成员，负责制造和修理金属制品。许多村民都依靠铁匠来维护每天使用的工具。

日常用品

考古学家们在林迪斯法恩发掘出包括农具、炊具、钉子和刀具在内的铁制品，还发现了剑和矛头等武器。

长钉

维京长船

参与袭击的维京海盗从家乡斯堪的纳维亚半岛向西航行数百千米，越过北海，最终到达林迪斯法恩岛。维京人不仅是强悍的战士，还是出色的水手和造船大师。这意味着他们可以在波涛汹涌的大海中一往无前。

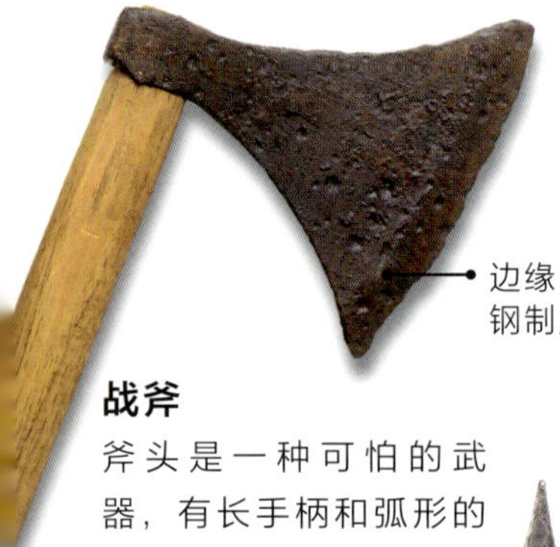

边缘由硬化钢制成

战斧

斧头是一种可怕的武器，有长手柄和弧形的锋利刀刃，非常适合用双手握住来攻击他人。

头盔

铁质头盔通常带有护目镜和鼻罩，以保护眼睛和面部，内部用布填充，下部的皮带可以固定头盔。

龙的佑护

在维京文化中，龙是强大的象征。这个金属别针被制成尼德霍格头部的形状。在北欧神话中，一条叫尼德霍格的龙盘踞在世界树的底部，不断啃蚀着树根。而世界树的枝干构成了整个世界，众神、人类和巨人都生活在那里。

皮革罩衫里是亚麻布

兼职战士

劫掠林迪斯法恩的维京人并不都是全职士兵，许多人其实是农民或渔夫。负担得起的人会穿上金属盔甲，其他人会穿软皮束腰外衣。

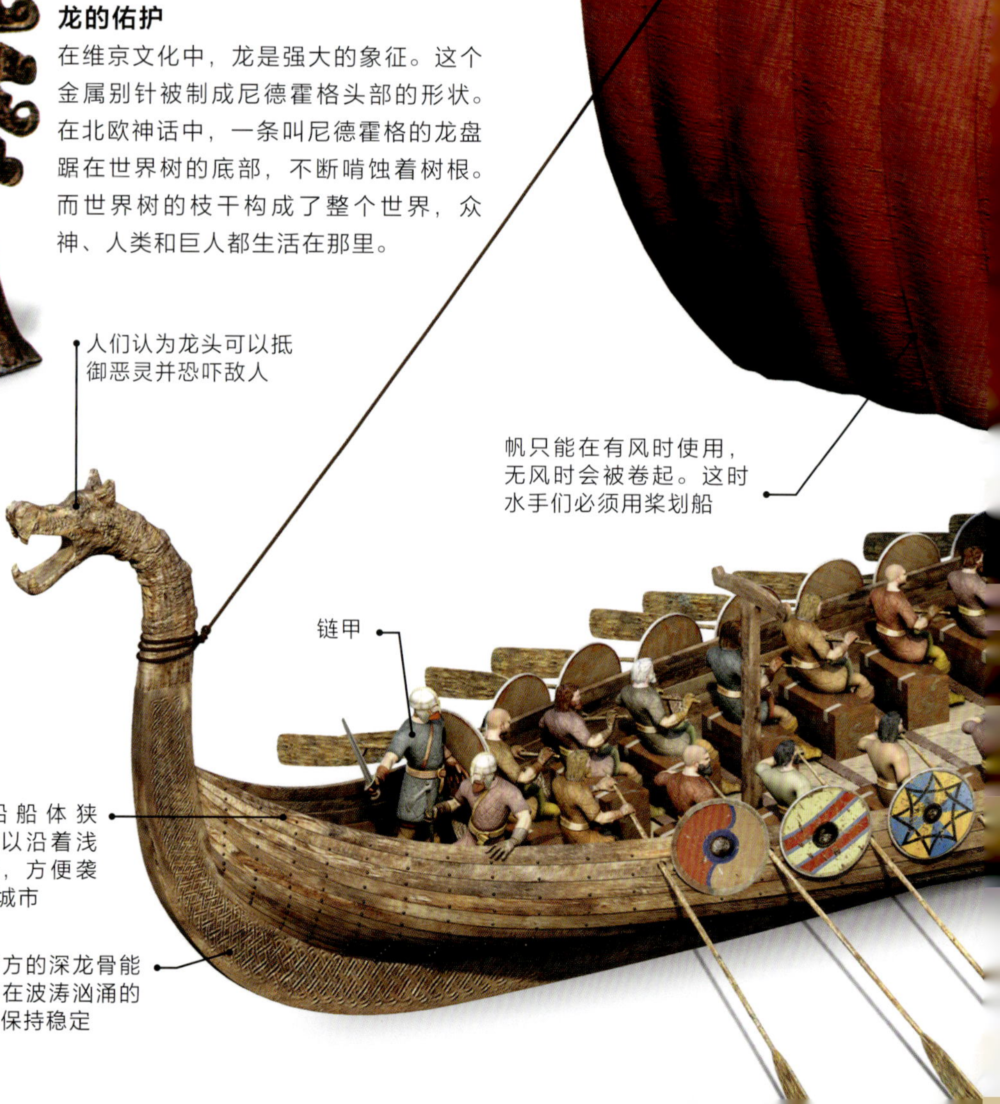

人们认为龙头可以抵御恶灵并恐吓敌人

帆只能在有风时使用，无风时会被卷起。这时水手们必须用桨划船

链甲

这艘船船体狭窄，可以沿着浅河航行，方便袭击内陆城市

船体下方的深龙骨能使船身在波涛汹涌的大海中保持稳定

“来自北方的异教徒带着一支海军来了，他们就像带刺的黄蜂和可怕的狼群一样四处游荡。”

——英国历史学家达勒姆的西蒙（1060—1129）

北欧神话

维京人相信神统治着自然，并决定着人类的命运。这块石雕上刻的是北欧神话中最强大的主神——骑着八足马的奥丁。奥丁住在瓦尔哈拉，传说在战斗中死去的人会在这里得到奖励。

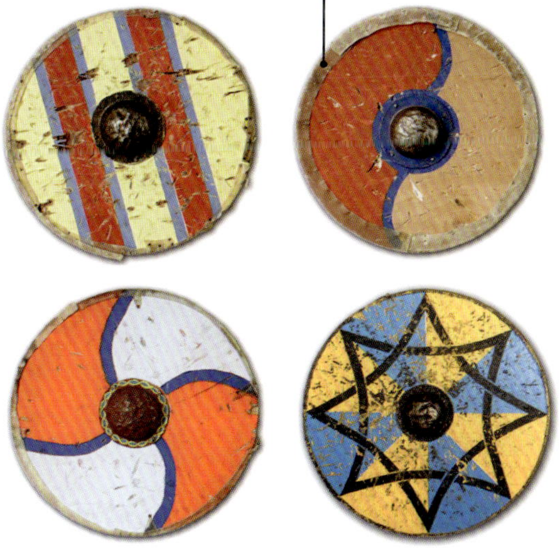

圆形盾牌

维京人的盾牌通常涂有鲜艳的颜色，以显示盾牌的主人所属的家族或部落。在海上航行时，盾牌会被安装在船的侧面，以保护桨手，还能威慑敌人。

constituta e. qua fabule poetarum in astra
nerua que primum ea excogitasse
habet autem stellas
serpens plabitur argo.

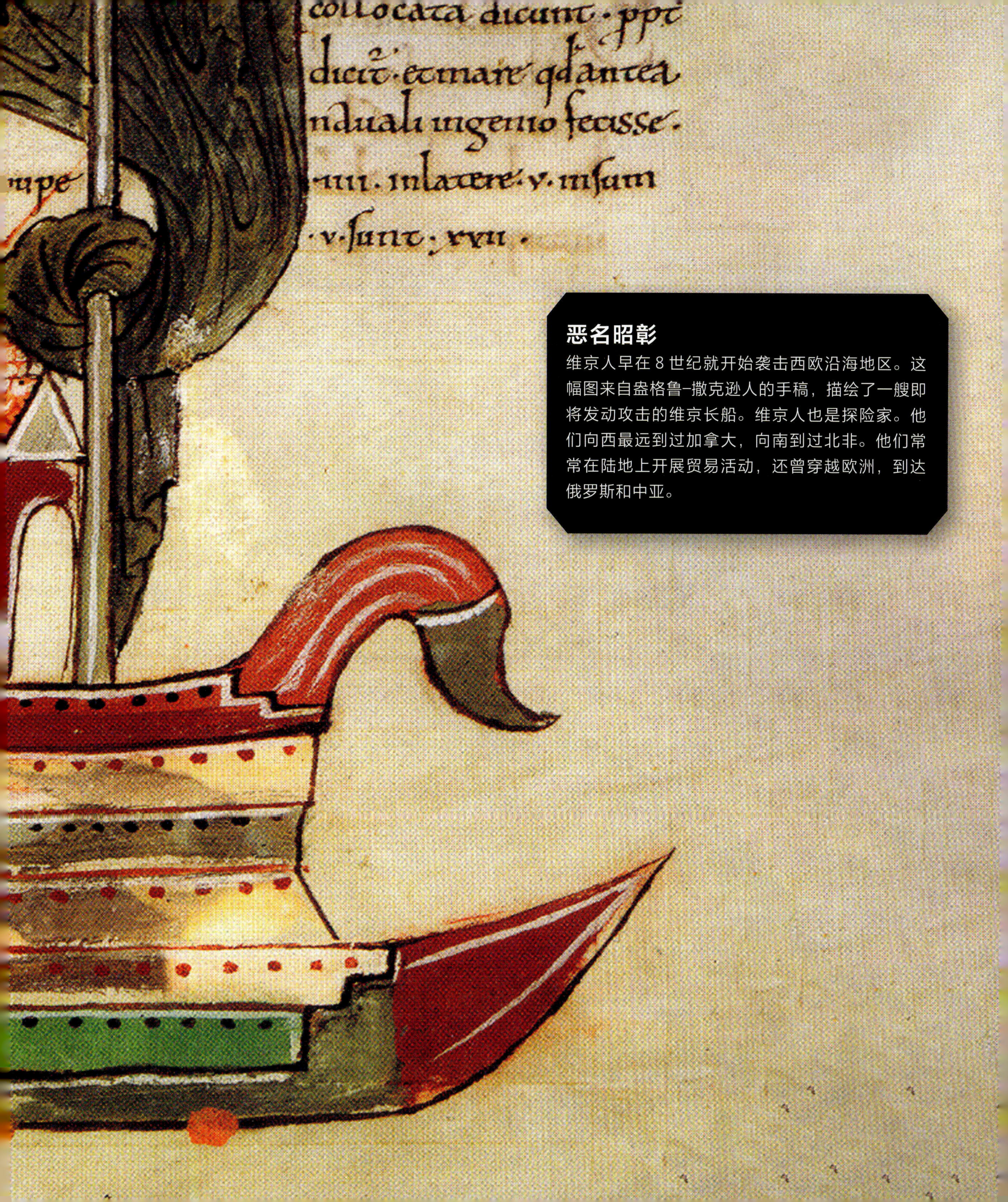

恶名昭彰

维京人早在 8 世纪就开始袭击西欧沿海地区。这幅图来自盎格鲁-撒克逊人的手稿，描绘了一艘即将发动攻击的维京长船。维京人也是探险家。他们向西最远到过加拿大，向南到过北非。他们常常在陆地上开展贸易活动，还曾穿越欧洲，到达俄罗斯和中亚。

穿越时间的月亮水井

沿着层层叠叠的对称阶梯深入地下，最下方就是月亮水井蓄水的地方。月亮水井在 9 世纪由拉杰普特王朝的王公钱达主持修建。一千多年来，印度各地建造了许多这样的阶梯水井。这些水井通常是皇后为乡村妇女修建的。这些水井既是精美宏伟的工程，也是人们日常取水的地方。

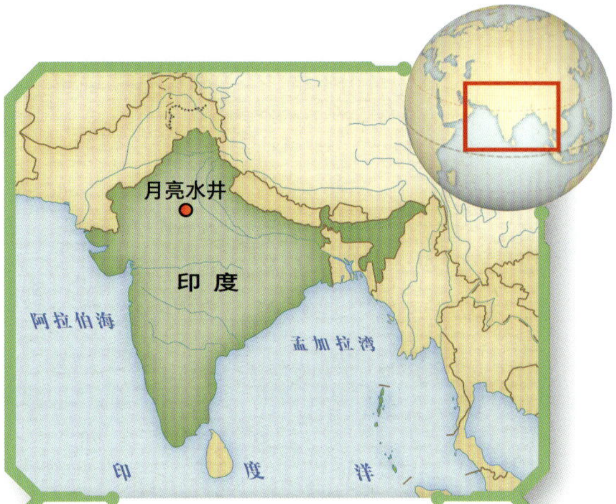

印度西北部的水井

这个阶梯水井建在如今印度拉贾斯坦邦的艾芭丽奈村，该村位于首都新德里以南，处于拉贾斯坦邦首府斋浦尔和泰姬陵所在地阿格拉之间。

穿越时间的水井

那些最宏伟的阶梯水井大多建在印度西北部的干旱地区。上图中雕刻精美的阿达拉杰水井位于古吉拉特邦，直到 19 世纪后期仍在使用。妇女们会在井边用陶罐或铜罐装满水，然后将罐子顶在头上并保持平衡，以顺利爬上台阶。

这是月亮水井里的一处雕像，雕刻的是印度教的降魔女神和宇宙之母杜尔迦

水神

很多阶梯水井上装饰着男神、女神和水精灵形象的精美雕像。除了取水，阶梯水井也是人们祈祷、冥想和供奉印度教神灵的地方。许多阶梯水井至今仍被用作宗教礼拜场所。

水井的设计

印度的阶梯水井可以帮助人们汲取地下水。水井多由贵妇捐建，以帮助村里的女性收集日常用水。在她们劳作时，阶梯水井陡峭的墙壁能遮住阳光，提供阴凉。

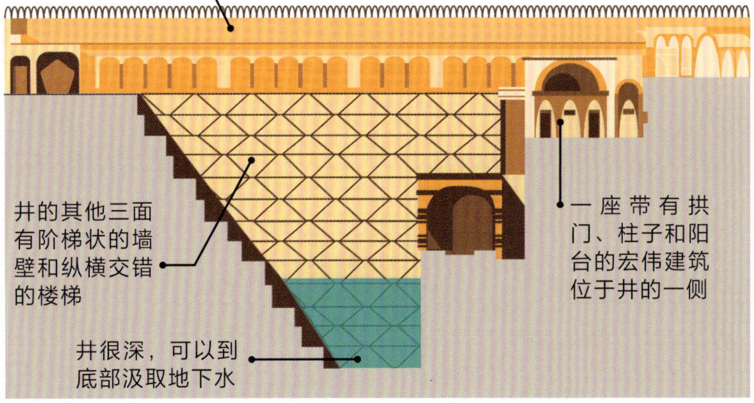

今天的月亮水井

这口古井深约 30 米，有 13 层，3 500 级台阶以“之”字形将各层连接起来。井口周围人行道上的装饰拱门于 18 世纪莫卧儿帝国时期建成。如今，井口和井内加装了护栏，以确保游客的安全。

1 井口周围的建筑是莫卧儿人增建的，他们还在水井有建筑物的一侧修建了华丽的亭子。方井整体呈倒金字塔形。

2 数以千计的石阶形成了通往井底汲水处的通道。

修复阶梯水井

许多阶梯水井年久失修。近年来，女性团体在修复水井的过程中发挥了关键作用。这些团体会组织维修和清理活动，以保证水源的安全。

汲水

月亮水井所在地的天气酷热难耐，于是附近村子里的女性去井里汲取清凉干净的生活用水。带着水罐爬台阶是繁重的工作，但井里空气凉爽，与朋友们分享各种消息带来的喜悦也可以弥补爬台阶的辛苦。

风之宫

在印度，避暑是很重要的需求。劳动女性会在阶梯水井乘凉，而贵妇们喜欢在宫殿格子窗的后面享受凉爽的空气。上图的风之宫于1799年修建，位于斋浦尔。

保持平衡

汲水是女性日常生活的重要组成部分。由此还诞生了“帕尼哈里”（Panihari）这一印度特有的音乐类型。这种音乐至今仍然流行，女性会头顶着水罐载歌载舞。

井边的音乐会

在节日或赶集日，人们会在井边聚集，欣赏巡回演出团用管、弦、鼓等乐器带来的表演。

1 神牛

牛在印度教中是神圣的。这头牛正在井水浇灌的树下休息。

2 载歌载舞

为了减轻负担，妇女们随音乐起舞，歌颂雨水和浪漫的事。

3 音乐人

巡回演出团的音乐从井口飘过，缓解了大家的疲劳。

4 井边

妇女们来到井边。她们灵巧地将空水罐顶在头上。

5 首饰

妇女们走路时，五颜六色的手镯会在手臂上叮当作响。

6 社交空间

妇女们一边聊着彼此的近况，一边享受井边凉爽的空气。

7 台阶

爬台阶可是体力活儿，特别是带着装满水的罐子回去的时候。

8 七彩的纱丽

妇女们身穿轻薄的长款棉质纱丽，它们颜色多样，上面还印着鲜艳漂亮的花纹。

9 扑通！

孩子们难以抗拒清凉的井水。他们跳进去享受一起游泳的乐趣。

10 清洁仪式

人们前往附近的寺庙之前会先清洁身体。

11 汲水

妇女们将带来的罐子浸入井中，灌满井水。

壮观的胡苏尼库布瓦宫

1300 年左右，基卢瓦苏丹在东非沿海地区建造了一座宫殿，以证明他作为该地区最重要的贸易中心之一的统治者的权势。基卢瓦苏丹国是当时横跨印度洋的庞大贸易网络的组成部分，商船在每年季风期会来此贸易，然后在风向改变时离开，使当地的丰富文化与外来影响得以融合。

斯瓦希里地区

斯瓦希里地区位于东非沿海，自现在的索马里北部向南，一直延伸到莫桑比克索法拉省。

胡苏尼库布瓦宫建在基卢瓦基西瓦尼岛的北部海岸上

基卢瓦基西瓦尼清真寺是非洲东部沿海最早修建的清真寺之一

基卢瓦基西瓦尼岛

沿海岸线分布的岛屿不但能为船只提供避风港，也是重要的贸易中心。在基卢瓦基西瓦尼岛上，距苏丹的宫殿不远处，曾有过繁荣的小镇和宏伟的清真寺。

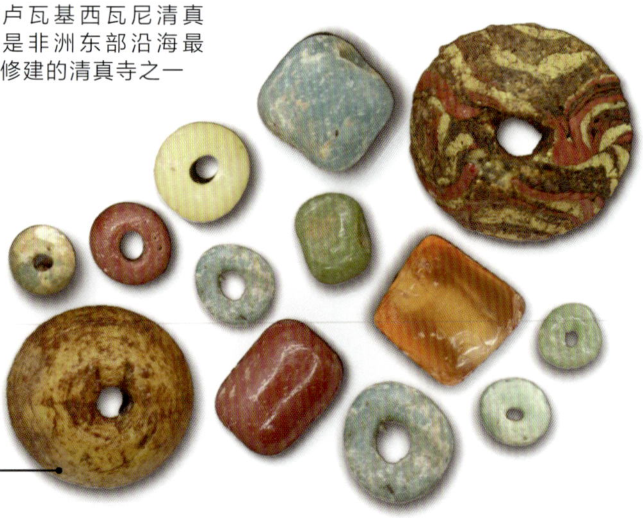

在胡苏尼库布瓦宫遗址发现的珠子由玻璃、黏土和矿物制成

漂亮又好用

珠子可以用于贸易，还能穿成斯瓦希里女性佩戴的长项链。人们在基卢瓦发现了许多进口珠子，以及由当地的文石制成的珠子。文石是一种珍珠状矿物，产自海洋软体动物大砗磲。

硬币上铸有阿拉伯语

硬币上的文字是押韵的

基卢瓦硬币

硬币在贸易中发挥着重要作用，因此基卢瓦苏丹国铸造了大量硬币。这些硬币是铜质的，上面铸有歌颂苏丹的诗句。

考古学家使用大型筛子寻找隐藏在沙子中的文物

发掘细节

过去的人们在基卢瓦生活的痕迹如今都隐藏在地下。考古学家将沙子和土壤过筛，以寻找陶器、珠子和硬币的残片。

辉煌的遗迹

壮观的胡苏尼库布瓦宫只使用了很短的时间。出于未知的原因，苏丹很快就弃用了这座宫殿。这里现在已成为废墟。考古发掘为我们提供了大量关于斯瓦希里人的贸易和生活方式的信息。这些发现证明这里曾经是非洲、亚洲和阿拉伯文化的大熔炉。

面朝大海

这个华丽的露天浴池仅供苏丹使用。除了可以看到令人心动的海景，把浴池建在这里也很实用——苏丹即便在盥洗时也能掌握船只到达的消息。

1 胡苏尼库布瓦宫遗址周围布满红树林。这些树木曾被精心修剪，留下一条通向宫殿的林荫道。

2 近海有珊瑚礁生长。珊瑚石被用来装饰屋顶和墙壁雕带。现在，这些珍贵的珊瑚石随倒塌的屋顶一齐散落在地上。

3 苏丹和他的家人拥有专属屋舍和庭院。这些地方不允许其他人随意进入。

4 这个开阔的大院子曾被用于收集和交易货物。人们操着不同的语言，在这里嬉笑玩闹、以物易物。

1 苏丹
苏丹身着白色康祖长袍，正准备沐浴。

2 整理头发
苏丹的女性家庭成员们坐在浴池边，为彼此编辫子。

3 商人
外国商人和政要在等待机会觐见苏丹。

4 伊本·白图泰
这位著名的摩洛哥旅行者对他的基卢瓦基西瓦尼岛之行印象深刻。他的口述旅行见闻录中详细记述了他的经历。

5 消磨时间
这些商人在玩斯瓦希里播棋，一边消磨时间，一边等待苏丹的召见。

6 繁忙的水域
大大小小的单桅帆船在碧绿的海水中穿梭不息。有些船会在这里停泊，有些只是路过。

贸易与休闲

现在是 1331 年，苏丹的宫殿里热闹非凡。商人们进进出出，运来远方的货物。他们和其他来访者一起在院子里等候，希望能获得苏丹的召见。但苏丹并不着急。他正在住所里休憩，准备在他的八角形私人浴池中享受沐浴时光。

女眷区

苏丹的女性家庭成员和孩子们待在远离外客的区域。他们的房间非常漂亮，墙壁上装饰着精美的图案和壁龛。

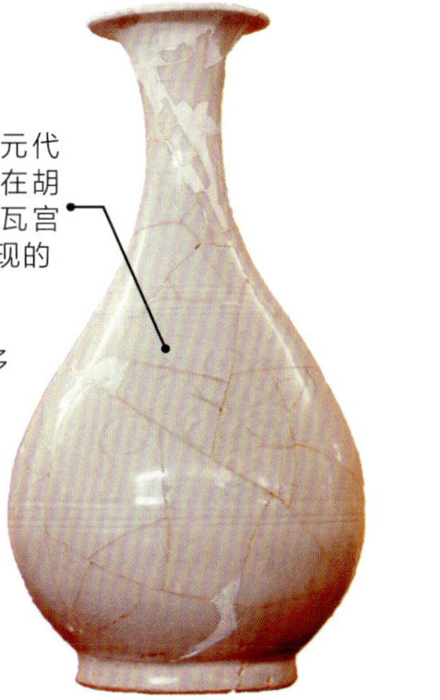

进口瓷器

胡苏尼库布瓦宫遗址出土了许多陶瓷器。这些精美的瓷器是从阿拉伯、波斯、印度和中国进口至此地的。人们常用陶瓷碎片拼成错综复杂的图案，贴在宫殿墙壁上。

单桅帆船交通网

货用单桅帆船可在印度洋上纵横来往。这种船使用斜三角帆。大型单桅帆船可以在开阔的海洋中行驶，而小型单桅帆船则沿着海岸短途航行。

斯瓦希里播棋

斯瓦希里播棋在中世纪时期很流行。今天，人们仍会玩这种游戏。其玩法是由两名玩家轮流将棋子投到棋盘的凹洞中，并尝试吃掉对方的棋子。

7 船来了

搬运工和水手从停靠在台阶下方的单桅帆船上卸下昂贵的货物。

8 象牙

来自大津巴布韦王国的巨型象牙正在院子里展出。

坚固的博纳吉尔城堡

博纳吉尔城堡的城墙像悬崖一样在法国的乡村地带耸立着。为了把敌人挡在门外，保护城堡主人的安全，这座堡垒的每个部分都建造得十分坚固。在中世纪的战争中，欧洲各地建造了许多带有围墙的城堡。这些城堡多为住所、工作场所或军用建筑。

是非之地

博纳吉尔城堡位于法国西南部。该地区在中世纪是各方势力的必争之地。城堡建在多石的山丘上，可以清楚地看到周围的情况。

攻城战

城堡建有厚实的城墙和坚固的防御工事。敌人如果无法攻破城墙，就只能包围城堡，耐心等待城堡中的食物、水和弓箭被消耗殆尽。

欧仁·维奥莱-勒-迪克在这幅漫画肖像中手握由他主持修复的巴黎圣母院

修复热潮

许多城堡曾在法国大革命期间被毁，大量贵族被杀或逃出法国。19 世纪后期，以法国建筑师欧仁·维奥莱-勒-迪克为代表的群体对修复中世纪建筑产生了兴趣。维奥莱-勒-迪克绘出了博纳吉尔城堡的复原图。遗憾的是，该城堡最终未能复原。

小窗户为防御者设计，可以向外射箭

秘密通道

博纳吉尔城堡的地下有条秘密通道，连接着城墙内的多处防御哨所。城堡的守卫可以利用通道，在不被发现的情况下转移位置。

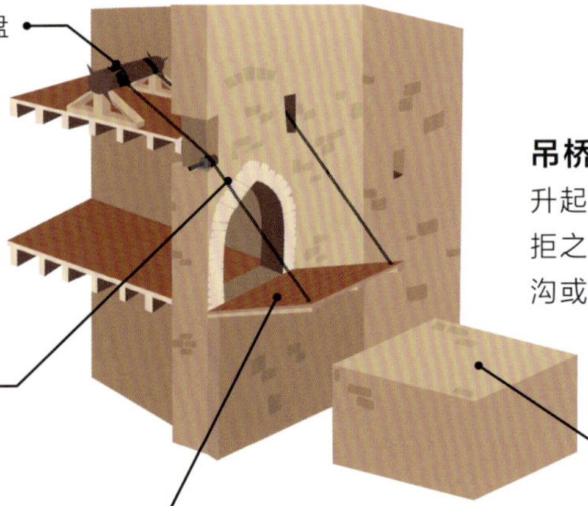

吊桥

升起城堡的吊桥，可以将敌人拒之门外。吊桥通常修建在深沟或护城河上。

改建

博纳吉尔城堡最古老的部分是建于 13 世纪的地基。15 世纪，城堡被扩建，修建了坚固的门户、吊桥和 6 座塔楼。但完工时，法国国内的局势已经相对缓和，城堡的安全不再受到威胁。

1 城堡的这一部分属于日常生活功能区，包括洗衣房和面包烘焙坊。

深井

内庭中有一口 48 米深的水井，为城堡提供了必需的水源。因此，即使被围攻数月，城堡内的人也不用担心没有饮水。

2 药草园里种满了供药用和调味用的植物。

庆祝

博纳吉尔的领主夫妇终于松了一口气——城堡防御墙的最新改造工程完成了。于是他们选了 1470 年 9 月的一个吉日，邀请当地贵族一起庆祝。庆祝活动包括宴会和骑士比武，还设有一个出售地方特产的繁忙集市。

1 村庄
为城堡工作的工匠和农民住在城墙外。

2 集市
皮具、小饰品、美味的苹果、火腿和当地著名的葡萄酒都卖得很好。

3 为荣誉而来
来自其他城堡的骑士们正在侍从的帮助下穿戴好比武用的盔甲。

4 特等席
阳光下，宾主都舒服地坐在观看比武的最佳位置。

5 一场较量
当两个骑士相遇时，盔甲的碰撞声和沉重的马蹄声震耳欲聋。

6 外堡
吊桥前的外堡里有许多迟到的人。

7 守卫吊桥
守卫们很放松，一边聊着今天看到的好马，一边守护着吊桥。

8 城堡的核心
主楼是城堡里最安全的地方。在战争期间，人们会在这里寻求庇护。

9 密议
这两个贵族找了个安静的地方，商议是否参与针对国王的计划。

10 小心！
仆人将身子探出窗外，将满满一桶水倒入干涸的护城河。

11 练习
两个男孩正在练习剑术。面对即将开始的骑士训练课程，他们都显得迫不及待。

12 隐秘之爱
一个年轻人正在向城堡里的一名女士表达爱意。他弹着鲁特琴，歌唱着她的美貌。

激动人心的比赛

为了招待客人，城堡领主邀请了著名的骑士与当地冠军进行比赛。骑士和马匹盛装出席，给客人留下深刻的印象。他们以最快的速度向对方冲锋，观众兴奋地欢呼起来。不过令人失望的是，领主的骑士表现不佳，眼看就要跌倒了。

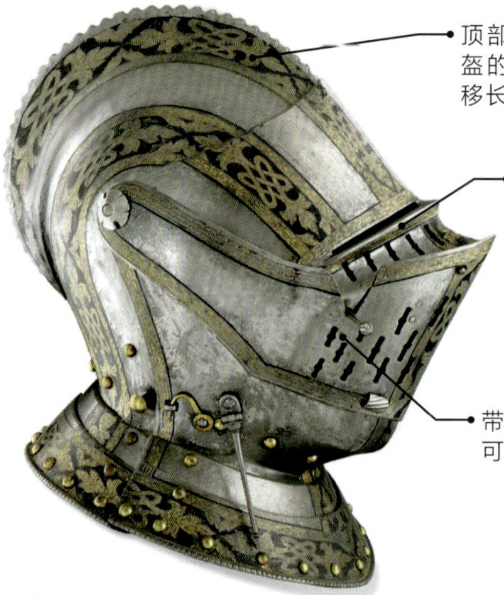

防护用具

参与比武的骑士们身着金属板甲，内衬链甲。比武用的盔甲比战场上穿的盔甲做工更加精致，上面还有精美的装饰。

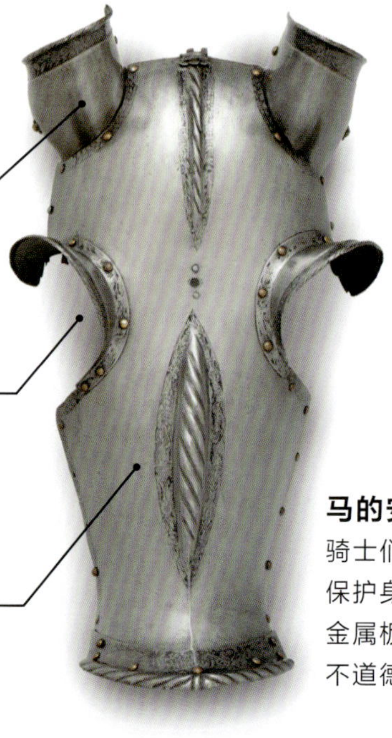

马的安全

骑士们穿着盔甲，他们的马也身着能保护身体的软垫，面部和颈部常遮有金属板。故意伤害对手的马被认为是不道德的。

打仗游戏

中世纪的欧洲鼓励儿童玩耍，有许多类型的玩具和游戏可供孩子们选择，包括玩偶、球、高跷、秋千、陀螺、国际象棋、骰子和人偶等。上图的比武角斗骑士就是其中之一，它手里的木枪可以移动。

典雅爱情

贵族男女喜欢歌颂“典雅爱情”的诗歌。这是一种浪漫的求爱方式。这些诗歌通常描述骑士如何用优美的歌谣或勇敢的行为赢得他所爱的贵族女性的芳心。但实际上，当时贵族的婚姻都是由其家族安排的。

盛宴

骑士比武结束后，城堡的领主夫妇坐下来与客人一起享用丰盛的晚宴。他们想要给客人们留下深刻的印象，决定用最好的餐具和食物招待客人。礼堂里热闹非凡，人们在音乐中尽情喧闹、举杯畅饮，狗则在一旁等待残羹剩饭。

1 城堡的主要建筑材料是石头，因此室内总是有点冷，但熊熊燃烧的炉火让客人们感觉很舒适。

2 这种高尖帽的设计灵感来自哥特式教堂的尖顶。这是当时的时尚潮流。

盐碟

宴会上会准备盐碟。盐在当时非常珍贵，因此盐碟总是餐桌上最精美的器皿。有的盐碟被制成船的形状，比如右图这个金色的盐碟，它的造型就是一艘三桅帆船。

3 食物都放在盘子或被当作盘子的圆形面包片上，供大家一起食用。吃掉这种被当作盘子的面包片是非常无礼的行为。

中世纪音乐

乐手们会被请来为宴会助兴。在中世纪的欧洲，音乐开始以我们今天熟悉的方式被记录下来。乐手们也会尝试使用新的乐器。当时，最受欢迎的是鲁特琴，这种拨弦乐器的弹奏方式类似于现代的吉他。

4 乐手们为这场筵席增添了乐趣，之后还会有舞蹈表演。

5 最重要的客人与领主夫妇一起坐在高台上。

美食

食物绝对是宴会的关键。猪头配苹果是当时的绝世佳肴。天鹅和孔雀等外来鸟类也会被烹饪，并用其羽毛装饰。馅饼和汤则用橘黄色的红花等昂贵的香料装饰和增色。

6 不太重要的客人坐在较矮的边桌。他们吃黑面包，用锡杯喝酒。而象征地位的高桌上有白面包，以及用贵金属或玻璃制成的杯子。

挂毯

城堡的墙壁上挂着厚厚的编织毛毯。挂毯能挡住冷风，让房间暖和一点。它们色彩鲜艳、设计复杂，看起来很漂亮，上面的图案通常讲述着一个故事。下面这张著名的挂毯现藏于巴黎的一家博物馆，描绘了一位夫人和一只独角兽的故事。

7 一个小丑在餐桌之间跳来跳去，试图逗客人们开心。

在城堡里做饭

这幅 15 世纪的手稿插图，描绘了一名忙碌的面包师在巨大的燃木烤箱前努力烘烤面包和馅饼的场景。烘焙坊是厨房的一部分，大多数城堡都有专用的烘焙坊。厨师们会在厨房里为居住在城堡的人们准备食物。

普韦布洛悬崖村

1 000 多年前，被称为普韦布洛人的美洲土著开始在北美西南部的弗德台地定居，并建起村庄。为了抵御恶劣的气候，村庄通常建在陡峭的峡谷岩壁上。现在，尽管部分村庄已经毁坏，但这里仍然为我们展示了普韦布洛人曾经的生活方式。

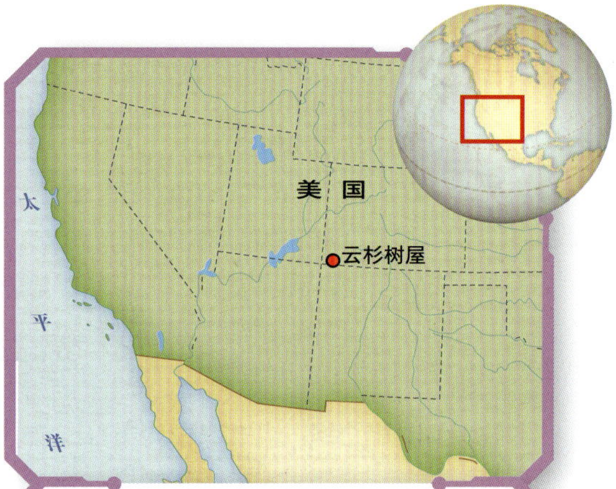

弗德台地

风景壮丽的弗德台地横跨美国西南部科罗拉多州的科罗拉多高原，位于科罗拉多州、亚利桑那州、犹他州和新墨西哥州这 4 个州的交会点。

喜欢的食物

750 年左右，普韦布洛人开始在弗德台地定居并耕作。他们在村庄附近的田地种植玉米、南瓜和豆类。他们的菜单上有鹿肉、兔肉，后来还有火鸡肉。野果也是其饮食的组成部分。

约 120 个房间

云杉树屋是该地区最大的崖居村庄之一。它有约 120 个房间，大多有两层，并带有储藏室。储藏室位于悬崖的下方。云杉树屋还有 8 个为聚会而建的地下室，被称为“基瓦”。

云杉树屋的平面图

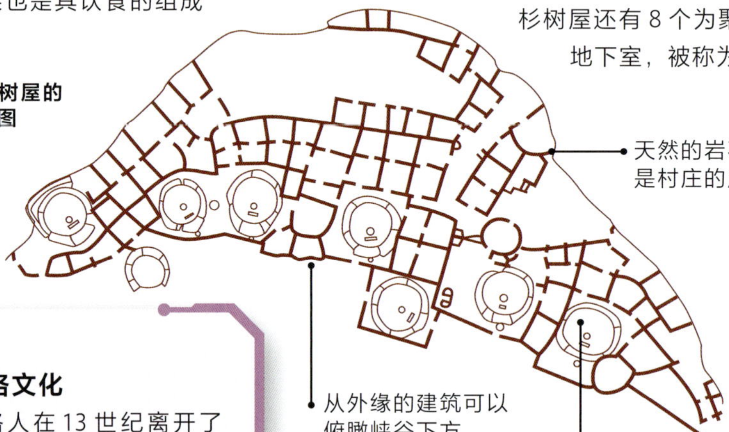

普韦布洛文化

普韦布洛人在 13 世纪离开了弗德台地。但普韦布洛文化现在仍然存在于科罗拉多州、亚利桑那州和新墨西哥州。这名身着传统服饰的小女孩正在表演一场仪式性的克奇纳舞。

被盗走的遗体

从 19 世纪开始，从当地的牛仔到外国探险家，有大批人发现了悬崖村庄的存在。他们闯入普韦布洛人的住宅，洗劫坟墓，将遗骸和手工艺品运往美国其他地方和外国博物馆，以换取金钱。

岩石中的家

云杉树屋是弗德台地上的数百个崖居村庄之一。这片地区遍布着砂岩断崖——这种边缘是陡坡的平坦高地被叫作台地。许多台地的崖壁中都有天然形成的空间，被普韦布洛人用来建成居所。13 世纪后期，居住在这里的人们决定搬走。这可能是因为严重的干旱使他们的生活变得艰难。

1 悬崖上方的平坦高地就是台地的顶部，曾经是普韦布洛人种植粮食的地方。

2 陡峭的悬崖由砂岩构成。在不同的光线下，砂岩的颜色会从淡黄色变为粉橙色。

3 村庄巧妙地建在悬崖的天然凹陷处。这里的村庄体现出人与自然的融合，普韦布洛人的生活也是如此。

4 一条深谷将云杉树屋所在的台地与对面更高的台地隔开。

村庄周围生长着云杉和杜松林。从古至今，杜松一直被用于普韦布洛人的仪式中

耸立于深谷中的砂岩悬崖是数百万年前就形成的景观

谁的土地？

1906 年，弗德台地国家公园建成了，这是为了保护该地区的文化遗产和自然环境。但在建立国家公园的过程中，政府并未与和这片土地有着最紧密联系、最了解其历史的普韦布洛人商讨。如今，普韦布洛人依然在努力争取弗德台地等地区的管理权，因为这些土地对他们来说有着神圣的意义。

准备过冬

1270 年 10 月的某日，空气中出现了一丝寒意。村里的老人们已经看到了一些迹象——这年冬天会来得很早，而且寒冷又漫长。于是每个人都忙碌了起来：有些人在台地顶部的田地收割最后的玉米和南瓜；其他人在准备物资，用动物皮毛做保暖的衣服。人们在房间里生火取暖，饮用草药制成的茶饮。

利用梯子从地上的广场进入地下的基瓦

地下的基瓦

在每个圆形广场下方都有一个圆形地下室，叫作基瓦。基瓦是用来举办各种仪式和聚会的，配有火塘和壁凳，可以容纳很多人。

用来泡草药茶的陶杯

普韦布洛陶器

几个世纪以来，普韦布洛人制作了漂亮的锅、碗和长柄勺等陶器。此时，他们也开始生产传统的黑白风格的杯子。这些杯子上都有独特的几何图案。

举起双臂的人也许正在跳舞

岩石上的艺术

普韦布洛人在村庄周围质地较软的砂岩上刻下了具有神圣意义的图画。这些图画讲述了部族的起源故事，并展示了动物、人物和神圣的符号。

将磨石放在玉米上来回滚动，可将其碾碎

研磨食物

普韦布洛人用扁平的石头磨盘将玉米和浆果磨成粉或糊。在村庄里总会看到妇女们研磨食物的场景。

1 玉米粉

这名女性正忙着把干玉米粒磨成粉。

2 丰收

孩子看着妈妈收拾玉米，很快就能学会怎么做了。

3 进入基瓦
村里一个年纪稍长的人正爬下梯子，准备去基瓦开会。

4 美味的火鸡
火鸡在到处乱跑。用玉米喂养的火鸡很好吃。

5 艺术与技术
这个技艺高超的陶工正在用黑色颜料绘制精美的图案，用来装饰新烧制的陶罐。

6 取水
女孩们从附近的泉眼取回清凉的淡水。

7 熟练地攀岩
一个农夫正朝着村庄上方的田地攀爬。他手脚并用，牢牢地抓住岩石。

8 经验丰富的猎人
一个十几岁的男孩带着兔子自豪地归来。他为人们带来了冬天必需的肉和皮毛。

复活的吴哥王城

吴哥王城曾是高棉王国气势恢宏的首都。如今，古老的遗迹部分藏身于茂密的树林中。吴哥王城内有过庞大的建筑群，由寺院、宫殿、村庄和水道组成。随着时间的流逝，所有的木建筑都消失了，只留下了巨大的石构寺庙。

肥沃的土地

吴哥王城位于柬埔寨北部，被森林和农田包围。许多河流都流经该地区，浇灌着稻田。

1 横跨护城河的桥变成了加高的人行道，它穿过建筑群，直通寺庙。

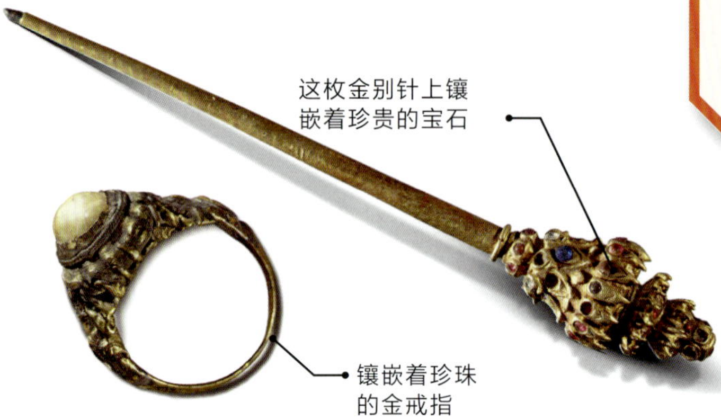

这枚金别针上镶嵌着珍贵的宝石

镶嵌着珍珠的金戒指

黄金之国

高棉王国非常富有。那时的国王头顶黄金王冠，手腕和脚踝上戴着镯子，手指和脚趾上也戴着戒指。高棉王国也非常强大——12 世纪时，高棉人统治了东南亚的大片地区。

佛教朝圣地

几个世纪以来，吴哥王朝的统治者都信奉印度教。但到 13 世纪后期，佛教在高棉王国的地位变得越来越重要，吴哥王城也开始吸引来自亚洲各地的佛教徒，其中就包括中国元代地理学家周达观。他撰写的《真腊风土记》以游记的形式介绍了吴哥王朝的历史文化与风土人情。

佛教徒为了修行，开始漫长的朝圣之旅

被植物掩没

到 15 世纪时，吴哥王城不再是高棉王国的首都，王室成员纷纷离开。这里没有被毁灭，而是逐渐衰败。各种植物生根发芽，慢慢主宰了吴哥王城的部分地区。

大吴哥内，巨大的佛首石雕装饰着巴戎寺的佛塔

大吴哥

12 世纪后期，国王阇耶跋摩七世重建了吴哥王城，也就是今天所说的“大吴哥”。他保留了城内的一些旧寺，又修建了新寺，其中就包括巴戎寺。

信仰的中心

吴哥寺坐落在宏伟的吴哥王城内，由外墙和一条 190 米宽的壕沟护卫。主殿位于这个庞大建筑群的中心。这里是世界上最大的宗教建筑群，其中的 5 个尖塔代表须弥山的 5 座山峰。须弥山是印度教和佛教中的宇宙中心。

2 中央的神殿是吴哥寺最神圣的地方。

图中浅橙色的部分就是曾经密集分布在寺庙周围的村庄的遗迹

城市的投影

考古学家们可以利用新技术还原古代吴哥寺及其周围的建筑情况。他们已用激光扫描仪绘制出运河、道路和村庄的地图。

吴哥寺的一天

国王苏利耶跋摩二世正在去寺庙参拜的路上。他乘着肩舆，在遮阳伞的遮蔽下通过圣桥，但随从的僧侣和侍从必须忍受阳光的暴晒。普通人和动物不允许踏上这座桥。

王家建筑

苏利耶跋摩二世于12世纪初兴建吴哥寺，意图通过建造这座气势恢宏的印度教寺庙来向臣民和对手展示他的强大。他的头像被刻在寺庙的雕带上。

乡村生活

寺庙附近有大型村庄，工匠和农民都住在这里。他们会在市场上交易食物、篮子、罐子和其他生活必需品。

这件雕刻展示了一个女性在市场上买鱼的场景

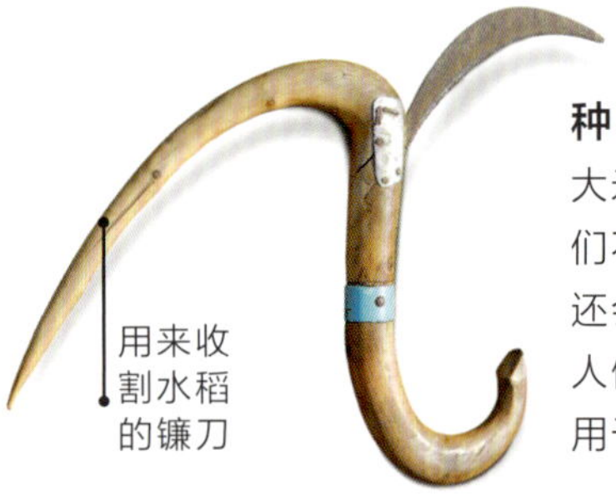

用来收割水稻的镰刀

稻粒

水稻

种植水稻

大米是高棉王国的主食。人们不仅每天都会食用大米，还会用大米进行交易。高棉人修建了复杂的灌溉系统，用于大面积种植水稻。

棋盘游戏

为了打发时间，许多人会玩一种类似于国际象棋的棋盘游戏。斗兽和吞剑也是备受欢迎的娱乐活动。

1 莲花船

这种船通常用来采摘作为供品献给寺庙的莲花。

2 队列

两排王室侍从端着供品走向神殿。

3 国王

苏利耶跋摩二世备受尊崇。他出行的时候，至少要撑9把遮阳伞。

4 顶礼膜拜
国王经过时，人们会跪下行礼。

5 印度教僧侣
一些被称为婆罗门的僧侣正沿着阴凉的廊道行走。

6 正门
正门的另一边是神圣的寺院，主殿在其中心。

7 大象
这头大象正在接受训练。如果它做得好，可能会被选中成为国王的坐骑。

8 食物篮
这个人担着篮子，里面装满了来自附近农田的稻米。

9 受宠的孩子
孩子在吴哥深受宠爱。他们模仿成年人，绾起了发髻。

失落之城 马丘比丘

位于安第斯山脉的古城马丘比丘被遗弃了 400 多年，只有少数当地人知道它位于何处。这处隐蔽的乐土由南美的印加人在 15 世纪中叶建成。他们可能将马丘比丘当作宗教中心或皇室的度假胜地。

印加帝国

印加帝国的疆域沿着南美洲多山的西海岸延伸。印加人的社会组织十分严密，还建立了庞大的道路网络来连接各城市。

印加君主

萨帕·印卡是对印加帝国君主的尊称。上图中的这位印加君主名叫帕查库特克·尤潘基。人们认为马丘比丘是他的一处休养地。

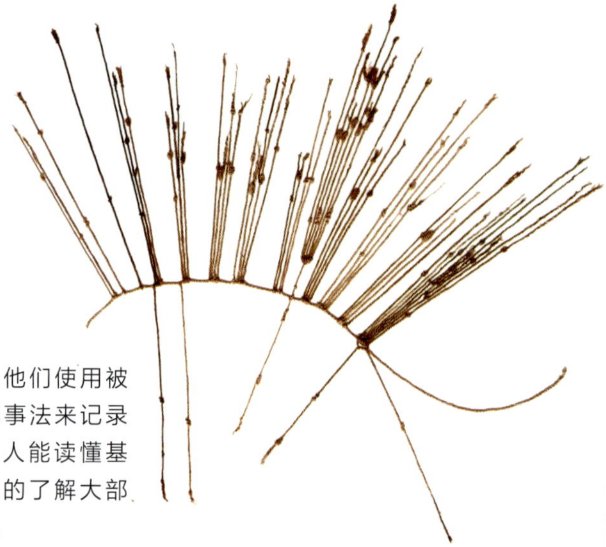

基普

印加人没有文字。他们使用被称为基普的结绳记事法来记录信息。今天，没有人能读懂基普，我们对印加人的了解大部分都来自考古发掘。

海勒姆·宾厄姆

1911 年，美国探险家海勒姆·宾厄姆来到安第斯山脉，寻找一座名为维卡班巴的古城。当地人阴差阳错地把他带到了马丘比丘。不久之后，宾厄姆向世界宣告，他发现了这座消失的古城。

城市发掘

1912 年，考古学家们开始清理在马丘比丘遗址上长出的繁茂植物。他们拍摄了数千张照片，并将在秘鲁发现的文物运回美国。

今天的马丘比丘

自宾厄姆发现马丘比丘，考古发掘旋即展开。很快，印加古城遗址上的灌木丛被完全清除，露出了打磨光滑的干石墙。这些石墙已经存在了数百年，曾经是某些建筑物的组成部分。如今，这些石构建筑已经过清理和修补，一些外围结构也被重建。

1 太阳石

这块石头被用作日晷，上面用 4 个点标记东南西北。

2 房屋

印加人的房屋多由石墙和茅草屋顶构成。

山顶

这座城市坐落在山脊上，四周都是悬崖峭壁。城市的最高处是位于瓦伊纳皮克丘山顶的印加神庙。

1 大祭司
这名祭司站在城市的最高处。他旁边是名为“拴日石”的圣石，印加人根据其日影来编制历法。

2 露台观景
贵族们坐在高高的梯田上观看祭祀仪式。

3 农业
由于周围几乎没有平坦的土地，于是农民在山坡上修建梯田。

4 列队行进
马丘比丘拥有许多神庙。这些祭司正列队前往其中的一座。

5 神庙
这是城市的主庙，装饰着金光闪闪的太阳神印蒂的雕像。

6 皇帝
每天，皇帝都会来这里，将他厚实的毛织“温库”（一种束腰外衣）献给太阳神印蒂。

生活在失落之城

皇帝驾临时是马丘比丘一年中最忙碌的时候。现在，皇帝正在主持一项仪式，大祭司和贵族也目不转睛地看着。与此同时，一名信使正准备送出一条紧急消息——内容会是什么呢？

7 开采石头
人们在开采石头，以便建造更多建筑。美洲驼被用来搬运沉重的岩石。

8 信使
出城送信的信使会吹响手中的贝壳，提醒人们为他让路。

9 基普
这条编好的基普消息一定记录了非常重要的事情！

10 保持警惕！
在宏伟的主广场上，皇家卫队正在等待皇帝。

11 仓库
来自帝国各地的货物被存放在狭长的仓库中。

12 慢点！
这个建筑工很生气——信使走得太快了，把他刚铺好的石头给撞坏了！

圣城

马丘比丘是一处宗教中心，城中坐落着 4 座神庙，其中最重要的是太阳神庙，供奉着太阳神印蒂。印加人相信皇帝是印蒂的后裔——也许这就是皇室成员总会在这座圣城停驻的原因。

马丘比丘有 150 多座建筑。

这件束腰外衣上装饰着几何图案。贵重的衣服通常会被当作礼物，或者给地位高的人穿

五彩服饰

印加人会用美洲驼、羊驼和小羊驼的毛织布。这些布料色彩鲜艳，图案精美。多亏了安第斯山脉干燥寒冷的气候条件，许多印加织物得以很好地保存了下来。

神庙

这座神圣的石构建筑没有屋顶，有一面是敞开的。经过人工切割，石材可完美契合，不需要使用灰浆黏合。

日晷

这块精心打磨过的岩石被置于城市的最高处，用来追踪太阳的运动。日影在一年中白天最短的时候会与岩石对齐，这意味着该举办祭祀太阳神的庆典了。

将植物和草编在一起，做成屋顶

天文台

在城市的最高处有一栋建筑，可能是天文台。祭司们可能在这里观测、追踪太阳的运动。

大祭司通常由皇帝的兄弟担任

祭司的地位比皇帝和皇后之外的任何人都要高

贵族会帮助皇帝管理帝国，比如处理税收事务

马丘比丘的建筑由大约 3 000 级台阶相连

模型的各部分用焊接工艺组合在一起。接缝展示了焊接的位置

诸神的黄金

印加人视黄金为神圣之物，将其称为“太阳神的汗水”。黄金被用来制作装饰物，尤其是与神有关的。供奉神灵的祭品也大多是金质的，比如这只黄金美洲驼。

> **“看到马丘比丘的废墟之后，古代传奇的文化似乎是用纸板、混凝纸浆做成的……”**
>
> ——智利诗人巴勃罗·聂鲁达（1904—1973）

令人惊叹的印加帝国

马丘比丘位于安第斯山脉的高处，这里空气稀薄，耕地稀少。不过，印加帝国正在蓬勃发展！这是一个井然有序的社会，所有产品都会被集中管理和分发。农民也在努力寻找提高粮食产量的方法。

仓库

印加社会组织严密。民众每年都要抽出部分时间为帝国工作，并将他们生产的产品运送到当地的仓库。随后，政府官员将决定如何分配这些物品。

石头仓库

食物、陶器和金属制品等货物都被存放在仓库内。为了保护这些重要物资，仓库的石墙建得异常坚固，至今仍屹立不倒，比为了让物品保持干燥而建造的茅草屋顶的寿命长得多。

人们将生产的物品运到仓库

印加陶器上装饰着繁复的图案

考古学家在南美洲发现了2 000多个印加人的仓库。

祭祀用酒

印加人会用玉米酿奇恰酒。他们不仅自己饮用，还会把酒献祭给众神。运输奇恰酒时要使用有两个握柄的陶瓶，用绳子穿过握柄，将陶瓶系在人的背上。奇恰酒是被存放在仓库里的众多物品之一。

梯田

马丘比丘被悬崖峭壁包围，这意味着没有多少土地可以种植粮食，所以人们不得不在山坡上修建梯田。

大多数印加人是农民、工匠或仆人

石墙白天能吸收阳光的热量，从而帮助作物在夜间保温

梯田上的平坦区域为种植不同作物提供了空间——豆类作物可以爬上玉米秆，下方的空间还可以供南瓜生长

农业

从空中可以更好地了解印加人是如何在山坡上修建梯田的。印加农民会在梯田上种植玉米等作物。玉米是酿制奇恰酒时要用到的主要原料。

挖掘土壤

印加农民会使用一种特殊的工具来帮助他们播种。这是一根长长的木棍，上面绑有弯曲的把手和脚踏。这种工具可以让农民利用自身的体重在地上挖洞。

役用动物

美洲驼原产于南美洲。印加人驯养这种动物，是为了获得它们的肉、奶和毛。他们还把美洲驼当作驮畜，在山间道路上搬运重物。时至今日，美洲驼仍生活在马丘比丘遗址附近的安第斯山脉中。

重返丝绸之路

16 世纪，伊扎德哈斯特的商旅驿站坐落在一条古老的贸易路线旁。这条路线蜿蜒穿过炎热、尘土飞扬的沙漠。伊扎德哈斯特是为保护来往于亚洲和欧洲的商人而建造的众多据点之一。沿途遍布的驿站不但为旅行者提供了安全的过夜场所，也是交换商品、交流技能和思想的地方。

控制贸易

伊扎德哈斯特位于伊朗（旧称波斯），地处欧洲和中国之间，是商人们在丝绸之路上来往时的必经之地。统治该地区的萨非王朝通过向商旅出售物品，积累了大量财富。

气势磅礴的伊扎德哈斯特

拱门是进出驿站的必经之处，晚上会锁门，以保证客人的安全。庭院是交易和社交的场所，旁边墙壁上的凹室则为商人和他们的仆人提供了私人的休息空间。这个驿站是一个大型建筑群的一部分，建筑群中还有一座城堡。

丝绸之路

这张西班牙古地图展示了丝绸之路连接的地区。丝绸之路是从中国中原地区经亚洲中西部通往欧洲、非洲等地的陆上贸易通道。地图绘制者可能是根据马可·波罗等商人的描述完成这张地图的。

元大都（今北京）在地图上被标注为“大汗的城市”

危险的旅程

丝绸之路上的商旅经常会加入商队，这能帮助他们在极端的沙漠环境中生存下来，并保护他们免受土匪劫掠。

休息站

商旅驿站可供长途旅行者们休息。驿站多建在繁忙的贸易路线旁，两个驿站间大约相隔一天的路程。正如上面这张拍摄于1898年前后的照片所示，这种传统驿站被持续使用了数百年。

阿拔斯一世

波斯萨非王朝最著名的统治者是阿拔斯一世（1587—1629年在位）。在他的统治下，波斯成为一个强大的军事帝国，艺术蓬勃发展，贸易联系得到加强，包括伊扎德哈斯特在内的许多地方都修建了商旅驿站。

从中国进口的优质丝绸

弯刀

这种房间可在烈日下的沙漠中为人们遮阴

1 准备食物
商旅驿站中的女性在远离男性旅行者的区域做饭。

2 餐食服务
服务员为一群来自不同地方的商人端来饮品。

3 对弈的乐趣
这名旅行者已经同意与获胜者再玩一盘沙特拉兹棋。

4 驮货物的骆驼
骆驼是必备的交通工具。人们必须先安顿好骆驼才能休息。

5 讨价还价
这些旅行者不会错过交易的机会。他们正为一些精美地毯的价格争论不休。

6 迟到
一个旅行者在驿站锁门前匆匆赶到。

繁忙的夜晚

伊扎德哈斯特已进入黄昏，最后一束阳光在快速消散。疲惫的旅行者们安顿下来，以躲避沙漠的寒冷和未知的危险。他们来自亚洲、非洲和欧洲各地。在睡觉前，他们还要准备食物、吃饭、喂饱动物并整理货物。明天，他们又会踏上漫长且令人疲惫的旅程。

沙漠之舟：骆驼

骆驼是沙漠中最好的交通工具。它们的身体很结实，能够驮运约225千克的重物。骆驼还能适应干燥的条件——比起马，它们需要喝的水要少得多。宽大的蹄子能防止它们陷入沙地。

来自中国的陶器

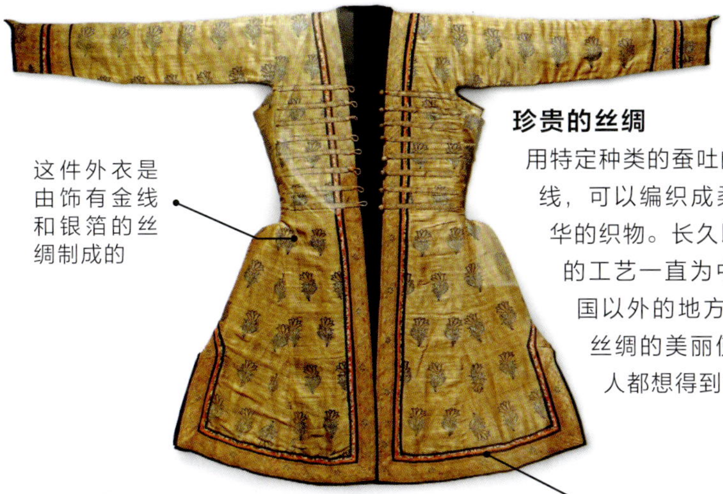

这件外衣是由饰有金线和银箔的丝绸制成的

珍贵的丝绸

用特定种类的蚕吐的蚕丝纺成的丝线，可以编织成柔软、轻盈、奢华的织物。长久以来，丝绸生产的工艺一直为中国独有。在中国以外的地方，物以稀为贵，丝绸的美丽使所有看到它的人都想得到它。

镶边的细节展示了波斯裁缝的高超技艺

精美的金属制品

丝绸之路上到处都在交易精美的金属制品。这个烛台是萨非王朝时期的物品，由青铜制成。青铜是铜和其他金属的合金。

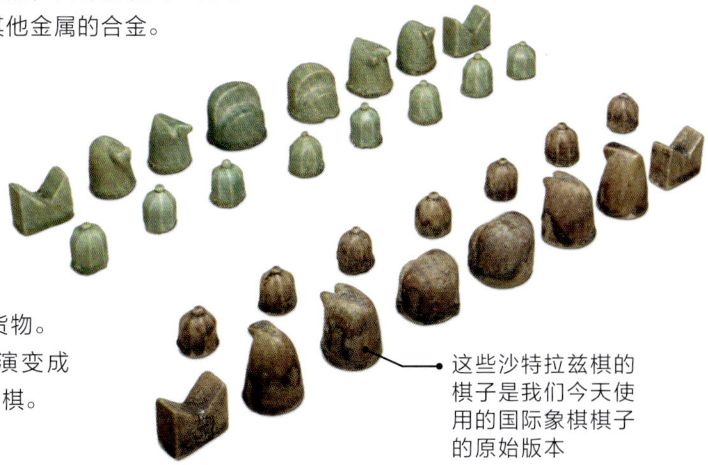

这些沙特拉兹棋的棋子是我们今天使用的国际象棋棋子的原始版本

7 傍晚的祈祷者

在喷泉旁，一个穆斯林跪在垫子上完成日落时的礼拜。

8 出售丝绸

这个仆人正在抖落丝绸上的灰尘。这是他的主人要卖的货物。

沙特拉兹棋

沿丝绸之路“行进”的不仅仅是货物。印度的恰图兰卡棋传入波斯后，演变成沙特拉兹棋，并最终演变成国际象棋。

大洋中的孤岛复活节岛

在太平洋中部的一个岛上，耸立着约 1 000 尊被当地人称为“摩艾”的石像。该岛因于 1722 年的复活节被欧洲人首次发现而得名。这些石像是波利尼西亚人在 9 世纪—13 世纪制造的。到 18 世纪后期，大部分石像已经倾倒。1960 年，石像的修复工程启动。

大洋中的孤岛
波利尼西亚人在太平洋的上千个岛屿上建立了定居点，复活节岛是其中最孤立的岛屿之一。该岛为智利领土，位于智利以西 3 500 多千米处。

巨型石像
有一种观点认为，复活节岛上的巨大摩艾代表着建造者先祖的灵魂。石像面向内陆，庇佑和保护着岛民。大多数石像有 3～6 米高，有些甚至有约 11 米高。这些雕像或单独耸立，或排列成行。

发现珊瑚眼
1978 年，考古学家在发掘摩艾时，发现了数块白珊瑚碎片。这些碎片刚好能装进石像的眼窝，并组成一只眼睛。左图中的这只珊瑚眼是目前已发现的唯一原件，现在岛上的塞巴斯蒂安博物馆展出。

桨的这一端代表着一张人脸，两侧有耳环

这一端代表人的身体

跳舞用的桨
舞蹈仪式是拉帕努伊文化的重要组成部分。右图中的这种桨被称为“拉帕”，跳舞时，男人和女人都挥舞着一对这样的桨，以某条轴为中心旋转。

失落的语言
考古学家在复活节岛上发现了一种文字。这种文字被雕刻在木头上，叫作“朗格朗格”，看上去像是数百种排列整齐的象形图案。直到今天，这种文字依然未能被破译。

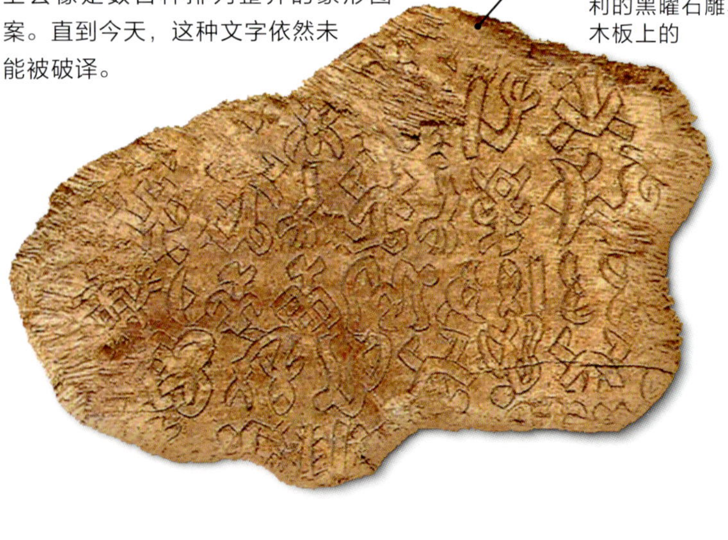

这些“朗格朗格”是用鲨鱼牙齿或锋利的黑曜石雕刻在木板上的

独木舟
波利尼西亚人是杰出的造船者、航海家和水手。他们可以乘坐独木舟在太平洋航行数千千米。如今，复活节岛上的居民通过举办芦苇舟比赛来纪念这一传统。

许多石像分布在名为“阿胡”的长祭坛上

木雕

复活节岛上的居民不只使用石头进行雕刻。当地也有造型别致的木质雕像，被称为“摩艾·卡瓦卡瓦”，比如这个肋骨凸出的男性木像。有人认为这些雕像曾被岛民保存在家中。

火山岛

复活节岛主要由火山喷出的凝灰岩构成。珀依克（Poike）火山、拉诺卡乌（Rano Kau）火山和特雷瓦卡（Terevaka）火山是 3 座死火山，占据了该岛的绝大部分面积。

1 团队合作
石像很重，所以人们需一起出力，才能将它们运到指定位置上。

2 眼窝
绳子被系在摩艾的眼窝周围。眼睛的构件会在稍后添上。

3 鲜明的风格
摩艾的头部比身体更突出，面部特征明显，风格鲜明。

4 人体艺术
岛民身上有精致的文身和彩绘图案。

5 草衣
天气很热，岛民们穿着草编服饰，让身体保持凉爽。

6 坡道
人们利用坡道将石像运到“阿胡”祭坛上。

复活节岛上的巨型石像平均每个重几十吨。

竖起石像

复活节岛上的居民们又要竖起一尊摩艾了。为了到达指定位置，需要让石像穿过整个岛屿。人们将绳索左右摇晃，拉动石像向前移动，这样就无须将石像抬离地面了。现在，他们正竭力将这尊石像运到一整排摩艾旁边。工作又累，天气又热！

采石场

大约 95% 的摩艾使用采自拉诺拉拉库采石场的多孔凝灰岩雕刻而成。每个石像都由一整块凝灰岩雕成。在采石场中，至今仍静静躺着近 400 座摩艾。

复杂的雕刻

摩艾的背面装饰着文身花纹。摩艾的头部和正面都是在石像平放于地面时雕刻的，而背部则是在石像被竖起后才完成雕刻的。

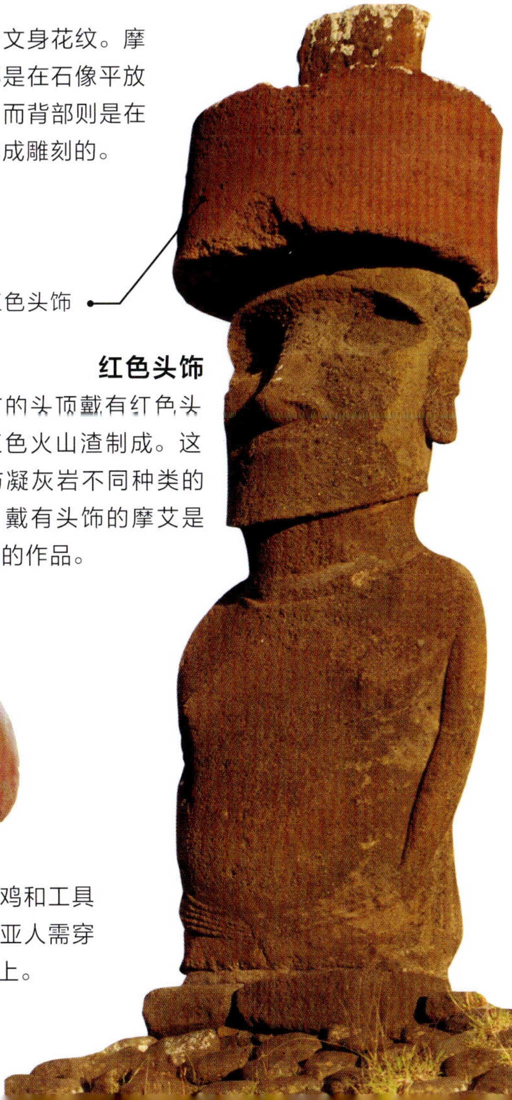

红色头饰

一些摩艾的头顶戴有红色头饰，由红色火山渣制成。这是一种与凝灰岩不同种类的火山岩。戴有头饰的摩艾是稍晚时期的作品。

用红薯支付

为了制作雕像，人们会付给雕刻师红薯、鸡和工具作为报酬。红薯原产于南美洲，波利尼西亚人需穿越太平洋并航行数千千米才能将其带回岛上。

7 背面雕刻

一些摩艾背面刻有动物图案的文身花纹。

8 火山岩

拉诺拉拉库火山口是制作摩艾所需的凝灰岩的来源地。岛上居民工作的时候，火山口就在他们的头顶上。

摩艾之眼

复活节岛上的摩艾石像拥有明亮的白色眼睛，由白色珊瑚石雕刻而成，瞳孔则由红色的火山渣制成。建造者在完成石像的其余部分后，才会添加眼睛。图中展示的是目前唯一一座复原了眼睛的摩艾。

竹田城遗址

竹田城遗址耸立于山脊之上，好似漂浮于云海中。这座建在山上的城堡建于 1443 年，在 1585 年前后增建了巨大的石城墙，以提高防御能力。当时正值日本的战国时代，各地大名纷纷修建或加固城堡。

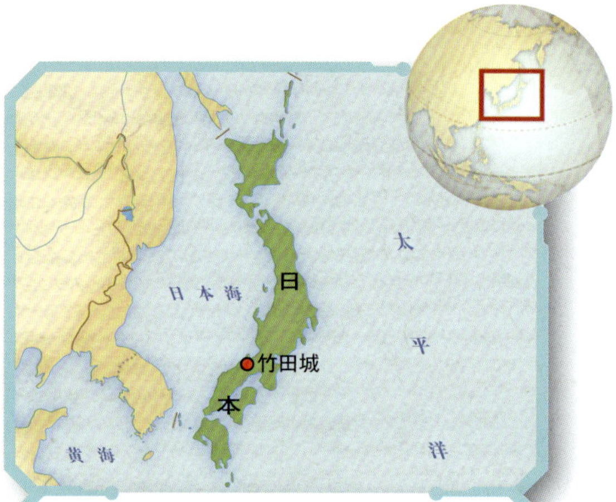

战略位置

竹田城位于日本最大的岛屿本州岛的西部，修建在海拔 353 米的山脊上。如今这座城堡的遗址居高临下地俯瞰着附近的高速公路。

精巧的建筑结构

大多数日本城堡的布局很相似，有一个中央城堡、几个庭院、城墙、瞭望塔和护城河。上图为修复后的姬路城，再现了其全盛时期的样子。

组织严密的社会

古代日本社会等级森严。武士、农民、工匠、商人等从事不同职业的人群阶级分明，每个阶级的行为都需遵循严格的规范。被称为大名的地方领主位于社会顶端，他们手下有大量武士。

这位大名身份尊贵，出行的时候会乘坐轿子

战旗

大名在战场上统率着由武士组成的军队，每位大名都有自己的标志。如下图所示，大名的标志可能是旗帜、扇子或头盔。作战时，大名的标志被展示在高高的杆子上，以宣告其身份。

城堡内部

城堡内的房间布置得十分舒适，有纸门和柔软的草席。大名会用最精美的画作装饰他们的房间，以炫耀财力。右图是画在复原房间墙上的巨幅画作。

庭院

竹田城外围建有多个庭院。入侵者必须攻占每一个庭院才能取胜。中央的庭院是大名及其家族成员居住的地方。

城墙极为坚实，在被废弃 400 多年后仍然屹立不倒

天然屏障

竹田城建于一座孤山的山脊上，拥有强大的防御能力。它于 1600 年被废弃。随着时间的流逝，城堡的中心建筑已经坍塌，只留下令人惊叹的石墙。不过，这处遗迹仍气派非凡。

竹田城坐落在山脊上，看上去像是建在云端

日本战国时代

自 1467 年应仁之乱开始，日本经历了长达 100 多年的内战，史称战国时代。在这一时期，大名们为争夺土地和权力而开战，并建造城堡来保护自己。右图屏风中描绘的关原之战，是这一时期最后的几场主要战役之一。

日本现在有 **100** 多座城堡，
其中只有 **12** 座
还保留着**原貌**。

1 夫人
大名的妻子正站在露台上。她告诉孩子们，他们的父亲即将归来。

2 仆人
侍从们围在城堡的女主人周围，随时听命。

3 子嗣和继承人
大名的儿子迫不及待地想要长大，好和父亲一起去打猎。

4 归家
大名回来了！他又热又累。

5 武士护卫
忠诚的武士护卫着大名，不让他落单。

6 塔楼
这些塔楼被当作瞭望塔，其所在位置视野良好。

大名归来

大名从一次顺利的山林狩猎之旅中归来，正骑着马进入内院。城堡内的人们聚集在一处，迎接他们的领主。

7 枡形虎口

位于城堡主门和第二道门之间，形成一处防御空间。

8 农民

农民带着大米来到城堡，这是向大名缴纳的赋税。

城堡的花园

日式城堡大多有精心设计的花园。花园内可能有桥梁、茶室和稀有的植物。城堡内的人们在随意漫步时就能欣赏到美丽的景致。右图为大阪城的花园。

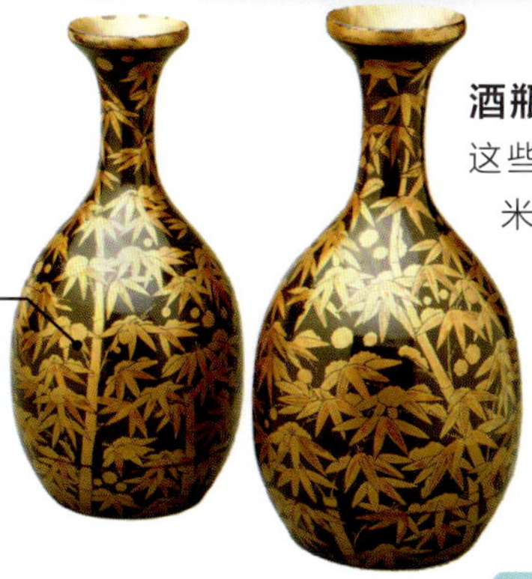

瓶身为木制，表面有金饰和漆料涂层

酒瓶

这些装饰精美的瓶子用来盛装用米发酵而成的清酒。在古代日本，只有特殊场合才会用到清酒。在庆祝新年和宗教节日时，人们也会向神明供奉清酒。

武士盔甲

武士都是训练有素的士兵。他们从小学习剑术和骑射，效忠于所属的大名。武士盔甲上通常装饰着可怕的图案，比如龙和咆哮的面孔。

武士的马也穿着铠甲。这匹马的面具极具特色

贵族女性

古代日本贵族女性要接受多方面的教育，包括书法、诗歌、音乐和舞蹈。当大名不在时，他的妻子会以城堡女主人的身份主持堡垒的防御工作。

中国长城

长城是中国各个时代修建的横跨中国北方的庞大防御工事，总长 21196.18 千米。修筑长城是为了保护中原政权免受北方游牧民族政权的侵扰。大图展示的是慕田峪长城，于 1572 年完工。这段长城现在看起来与 450 多年前刚建好时几乎没有差别。

长城通常建在山岭最陡峭的地方，以增加敌人进攻的难度

护卫都城

慕田峪长城位于今天中国北京北部的山岭地带，距离明朝都城约 70 千米，是明朝都城防御体系的重要组成部分。

饮食

在长城上驻扎的士兵们能够吃到从附近的农田和村庄运来的大米和蔬菜等简单的食物。他们有时还能分到茶饼。

坚固的石墙

明永乐二年（1404），关城在慕田峪设立。此处墙体高 8 米，宽 4 至 6 米。墙的顶部呈锯齿状，方便架设火炮。

除了火炮，城墙上还会放置带尖刺的滚木，以阻止敌人爬上城墙。滚木还可以放置在地面上，用来绊倒并伤害敌军

修建长城的将军

长城始建于公元前 7 世纪，起初只是比较简陋、低矮的防御工事。明朝中后期，鞑靼经常袭扰明朝边境。1569 年，名将戚继光奉命巩固北边防务，在慕田峪加厚城墙、增筑敌台。

墙砖上的名字

烧制墙砖的工匠必须在每块砖上留下自己的名字。如果砖块质量不好，监工的官员就可以据此找到并处罚工匠。至今，人们仍可以看到这些带有名字的砖块。

庞大的建筑

遗存至今的长城主要修建于明代中期。如今，部分长城经过精心修复后已对公众开放，其中就包括慕田峪长城。

野长城

部分长城非常险峻且尚未修复。这些被风雨侵蚀和人为破坏且未被开发的部分被称为野长城。

秘密成分

科学家们一直想知道，是什么成分让城墙过了这么久还能如此坚固。最近的相关研究表明，砌筑长城时在砖缝中使用的砂浆里混有糯米。

守卫长城

增筑长城的工程已接近尾声，一些士卒开始打瞌睡。突然前方传来消息，原来是鞑靼军队又发起了进攻。明军必须还击。

1 树木 树木能为敌人提供掩护。因此，长城附近的树木都会被砍倒。

2 警报 敌台上的士兵看到有敌人出现，便立刻发出警报。

3 袭扰 位于长城以北的北方游牧民族政权一直对中原政权构成威胁。

4 越障 来自北方的进攻者巧妙地将梯子平放，以越过长城前方的壕沟。

5 突袭 守军的护甲有时难以抵御敌方锋利的兵刃。

6 敌台 敌台是每隔一段设立一处的“指挥中心”，其中储藏有食物、武器和盔甲。

7 工程建设
增筑工程完成后，长城变得更加易守难攻。

8 火炮
火炮的炮弹中装填了能引发爆炸的火药。

9 烽火
烽火可传递军情，让在远处驻守的部队知道这里遭到攻击。

10 巡防兵
这名士兵带来了另一段长城正被攻打的消息。情况比守军预想的更严重！

11 农田
在农田里劳作的人们并不担心。他们知道长城会保护他们。

12 砖窑
增筑工程使用的砖是现场烧制的。砖窑内的温度可以达到800摄氏度。

防雨屋顶

瓦片可保护敌台等建筑免受漏雨之苦。建筑物屋顶的瓦片末端常装饰有动物、植物或其他寓意吉祥的纹样，比如可以吓跑邪祟的神兽饕餮。

坚固的建筑

长城上的敌台和城台修建得非常坚固。一些大型敌台还建有被称为铺房的辅助设施，可遮蔽风雨。敌台和城台都可以当作库房使用，储存食物、水、盔甲和兵器等。

弩

2 000 多年前，中国人就已经开始使用弩这种武器了。下图中的弩尺寸较小，可用于城池防御。较大的弩被用于守卫长城。

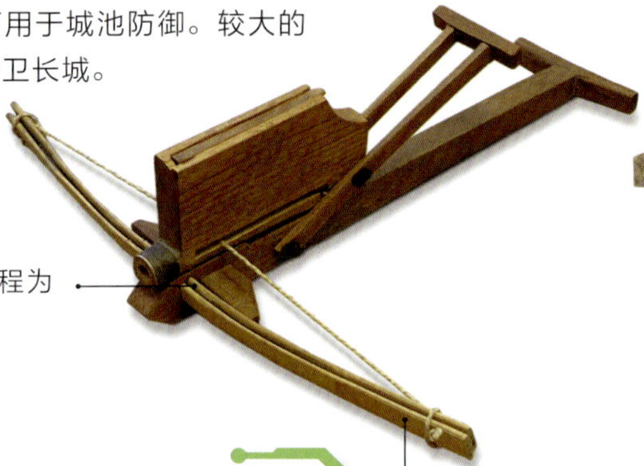

炮弹

每段长城都有充足的炮弹供应。这些炮弹看起来像实心的，其实是空心的，内部已装填火药，一落地时便会爆炸。

“薄雾之中，屹立着巨大的、雄伟的、寂静的、令人敬畏的长城。”

——英国小说家威廉·萨默塞特·毛姆（1874—1965）

来自北方的对手

修建长城是为保卫中原政权免受来自北方游牧民族政权的袭扰。在成吉思汗的带领下，蒙古人在 13 世纪征服了亚洲大部分地区和欧洲部分地区。到 16 世纪，蒙古各部族的实力已大不如前，但其高超的骑射技术仍闻名天下，令人生畏。

兵器

每座敌台都存放着数量众多的剑、长矛和刺刀等长柄兵器。各种兵器虽然形状、大小不一，但都能让兵士们隔着一段安全的距离与敌人对战。

乡村生活

许多士兵和他们的家人就住在长城附近的村子里。轮到自己执行戍卫任务时，士兵会前往长城。村民们喜欢住在靠近长城的地方，这样就可以将农产品卖给驻扎在此的军队。当时的中国北方民居普遍采用传统的合院式建筑方式。

纪念祖先

在古代中国，人们会在家中设置供桌或祠堂，通过焚香、摆放供品来纪念祖先和去世的家人。时至今日，中国仍有很多地方保留了这种传统。

畜力运输

过去，当地人让驴子背着柳条筐来搬运重物。如今，明长城附近的交通十分便利，人们可以通过公路、铁路等前往明长城。

“凿井而饮，耕田而食。
帝力于我何有哉！”

——《击壤歌》

储水

村民们多用陶罐收集雨水、井水或河水。水通常需要先煮沸后才能饮用。

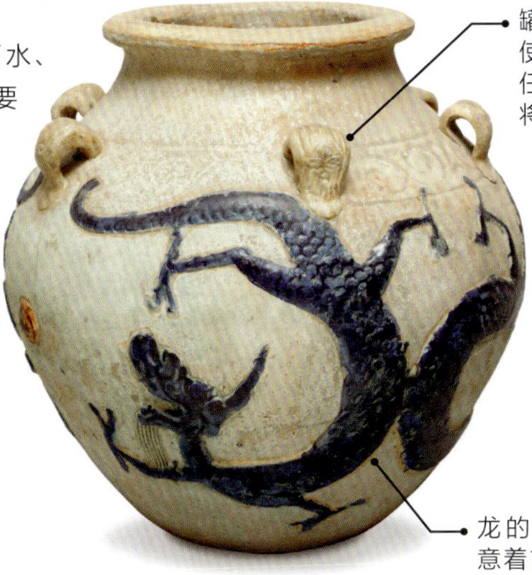

农具

一根长长的扁担扛在肩上，两端各担一个篮子——几千年来，中国农民一直用这种方式在田地中劳作。

织物

许多村民会将羊毛纺成线，用来制作衣物或羊毛毯。在过去，织布通常是女性的工作。

饮品

茶壶是中国家庭最常用的器具之一。中国人认为茶有助于消化，也能让人放松心情。

沉没的维达号海盗船

1717 年，在一个伸手不见五指的暴风雨之夜，一艘海盗船触礁沉没，船上所有的财宝和绝大部分船员随船沉入了海底。这艘倒霉的船就是维达号。直到多年后，人们才确认维达号沉没于美国东北部大西洋沿岸。

沉船位置

维达号的沉船地点位于今美国马萨诸塞州科德角的大西洋沿岸附近。这里水较浅，到处都是沙洲，船只难以安全航行。

被改写的命运

下图为维达号模型。维达号原本是一艘英国籍贩奴船。这艘船从加勒比海出发，满载贩卖黑奴所得的财宝，在返回英国的途中被海盗劫持。随后海盗头目“黑山姆”塞缪尔·贝拉米将他早先掠夺的财宝和枪支转移到维达号上，并改变航向，驶往北美。

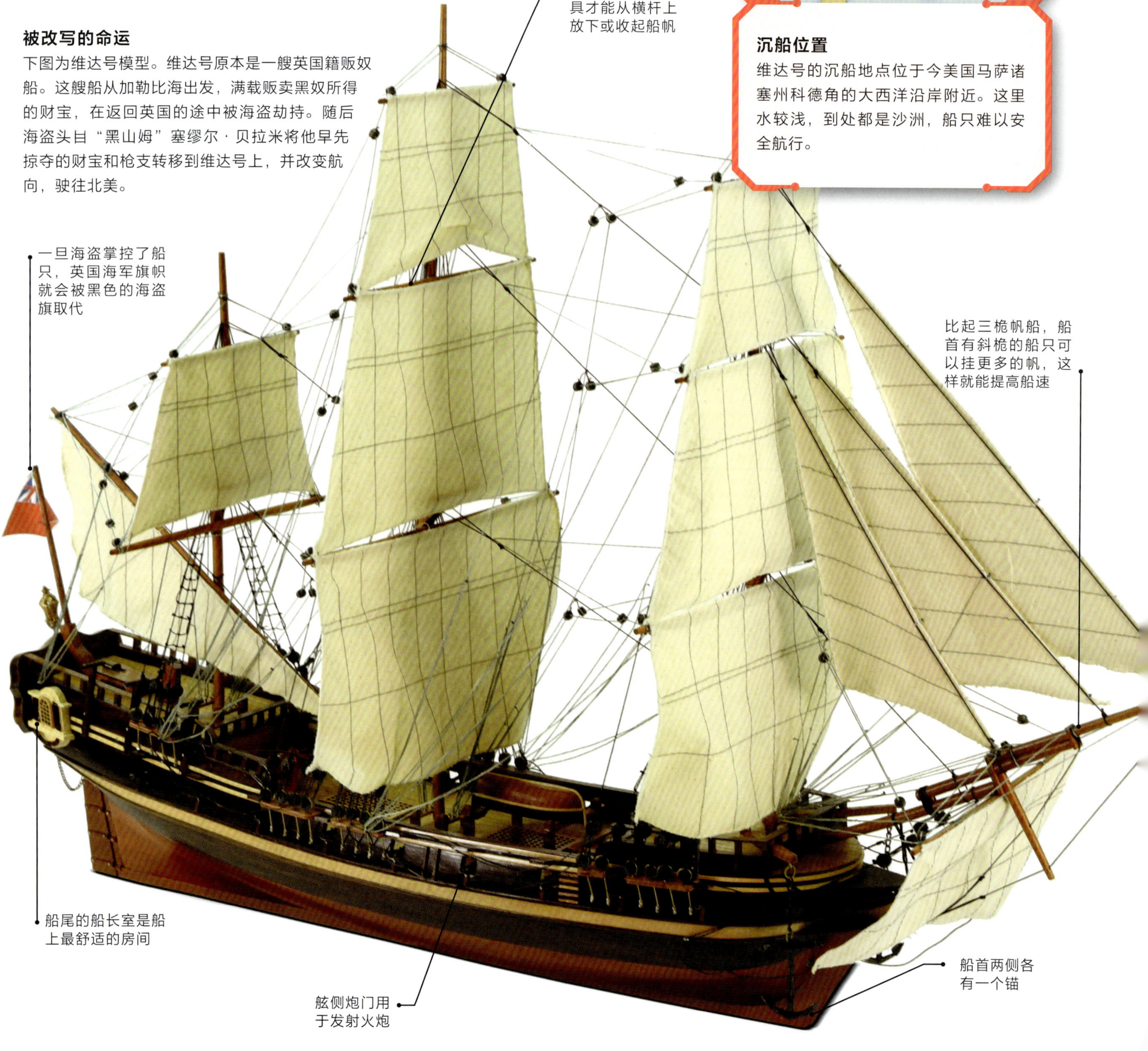

标记地点

1717 年，维达号沉没的消息逐渐传开，马萨诸塞州的地方长官派船长西普瑞安·索萨克去收集沉船留下的贵重物品。遗憾的是，索萨克船长未能打捞到任何东西，但他在地图上标出了沉船的位置。

地图上注明了沉船地点和 102 人溺亡的信息

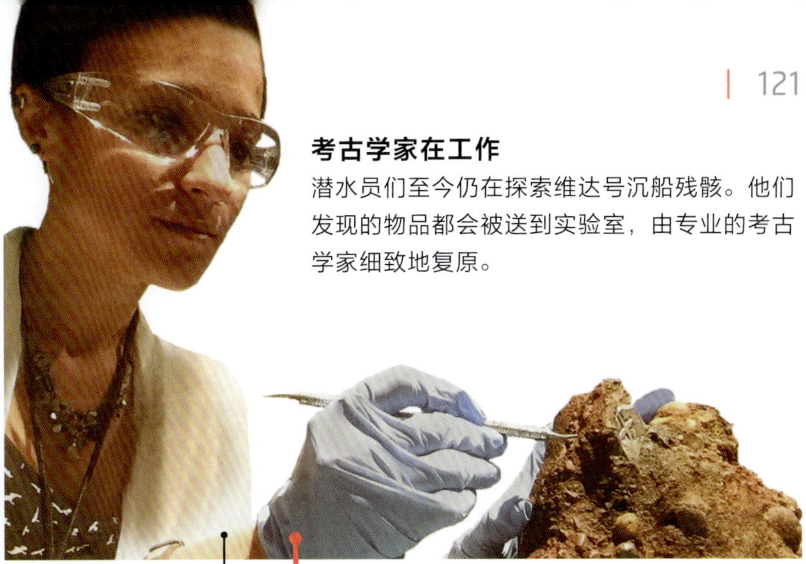

考古学家在工作

潜水员们至今仍在探索维达号沉船残骸。他们发现的物品都会被送到实验室，由专业的考古学家细致地复原。

考古学家们缓慢而细致地展开工作，避免损坏这些在海里发现的物品

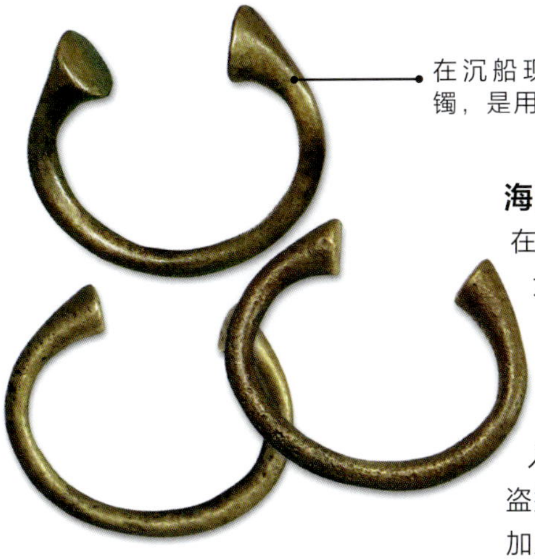

在沉船现场发现的这些铜手镯，是用来购买黑奴的资费

海盗和奴隶贸易

在海上，海盗们经常会与参与跨大西洋奴隶贸易的船只相遇。大量非洲黑人被带到美洲当作奴隶出售。许多海盗也是黑人。一些被贩卖的黑奴在逃脱后加入了海盗的队伍。当贩奴船被海盗控制后，船上的一些人也会选择加入海盗。

隐藏的宝藏

埋在海底泥沙中的物品最终被包裹在右图中的硬块中。当物品中的铁与海水中的盐产生反应，就会形成这种硬块。打捞上来的物品会被浸泡在淡水中保存，直到可以徒手或用其他化学方法去除物品上的硬块。

一枚隐藏了 300 多年的硬币逐渐向世人展露真容

这枚戒指和旁边的西班牙硬币是在维达号沉船残骸上发现的

海盗的战利品

当时，西班牙的大型帆船在大西洋上穿梭不息，将黄金和白银从美洲运往欧洲。西班牙硬币在世界各地被用作货币，也因此经常落入海盗们的藏宝库中。

宝藏猎人

根据沉船的故事和索萨克船长于 1717 年标注了沉船地点的地图，潜水员巴里·克利福德试图找到维达号沉船。经过 15 年的搜寻，克利福德终于在 1984 年找到了沉船。当时船身已经腐朽，但克利福德发现了一些硬币和枪支，还有船钟。钟上的铭文证实，被找到的这艘沉船就是当年的维达号。

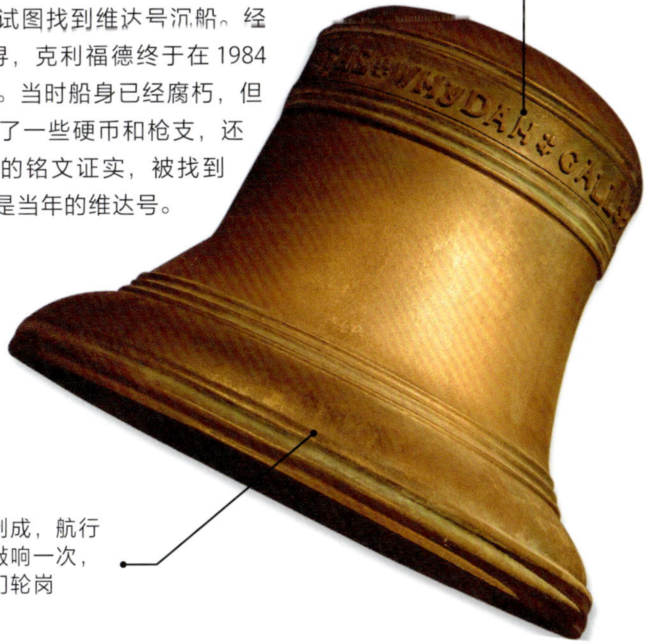

船钟顶部铸有铭文“维达号 1716”

船钟由青铜制成，航行时每半小时敲响一次，以提醒水手们轮岗

1 抓紧！
这名船员居然被狂风吹到了索具的高处。

2 木工
木工托马斯·戴维斯正拼命修理这艘船。

3 船长
贝拉米船长对他的船员喊出指令，但在暴风雨中，他的声音很难被听到。

4 掌舵
16 岁的舵手约翰·朱利安是一名经验丰富的水手，正努力使船航行在既定的航线上。

5 晕船
不断的剧烈摇晃让这名海员晕船了。他紧紧地抓住船舷。

6 落水
海盗约翰·金还是个孩子。他被抛到船外，一门沉重的火炮紧随其后。

“我是一个自由的王子，像那个拥有一百艘船的人一样，我拥有向全世界宣战的权力……”

——维达号船长“黑山姆”塞缪尔·贝拉米（1689—1717）

7 枪支散落
成捆的枪支散落后滚过甲板，又落入水中。

8 旗帜掉落
桅杆被狂风折断，倒了下来。桅杆上的海盗旗即将落入海中。

危难中的海盗

午夜时分，维达号遭遇了狂风暴雨的袭击。贝拉米船长和他的船员们迅速集结，与狂风作战。但暴风雨很猛烈，再加上船处于满载状态，这让船变得更难控制。在一个可怕的时刻，维达号撞到了水下的沙洲，并开始倾覆。最终只有两名船员幸存，其他人都和船一起沉入了海底。

船员们拉着船帆，依旧在苦苦坚持

满载的帆船
维达号在沉没时处于满载状态——船上装满了铸铁火炮。载重加快了船体下沉的速度。

已被打捞出的50多门火炮

船上的生活
所有船员都受到平等的对待。在船上很难吃到新鲜的食物，海盗们有什么吃什么。他们也会劫掠过往船只上的食物。维达号上还有炉子和用旧的茶壶。

维达号上的茶壶。壶身上的凹陷很可能在海难发生之前就已存在

海盗的时尚
大多数海盗会穿着舒适实用、适合海上生活的衣服。他们也能从被掠夺的船上搜到大量饰品和高档的衣服。海盗们有时会穿着这些衣物向他人炫耀。

小海盗
并非所有海盗都是成年人。约翰·金大约9岁时，他所在的船遭到了贝拉米一伙的袭击，于是他选择加入这群海盗。但金的海盗生涯很短暂——在沉船现场的一门火炮下，人们发现了这个孩子的腿骨、丝袜和鞋子。

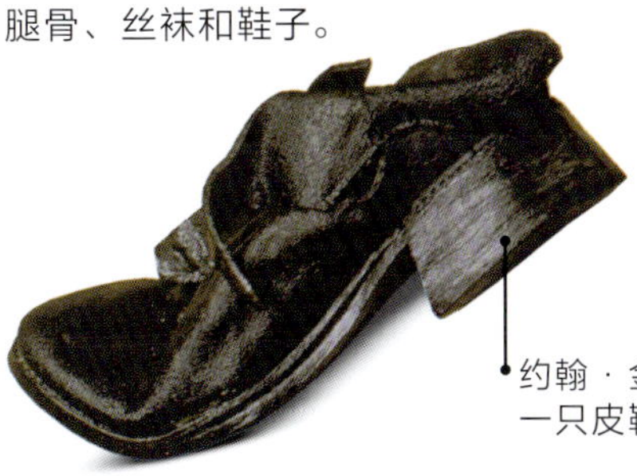

约翰·金的一只皮鞋

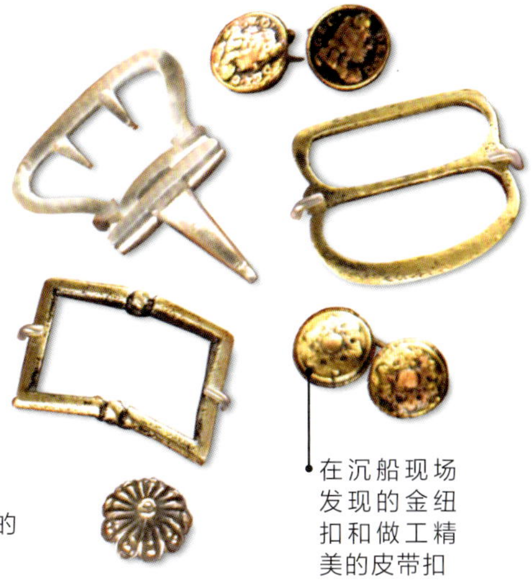

在沉船现场发现的金纽扣和做工精美的皮带扣

黄金小镇
博迪镇

1859 年，一个名叫博迪的人在美国加利福尼亚州的偏远地区发现了黄金。可还没来得及从黄金中获利，博迪就冻死在一场暴风雪中。但发现黄金的消息迅速传开，人们纷纷涌向该地寻找机会，博迪镇由此诞生。到了 1880 年，该镇已有约 7 000 名居民。之后，随着黄金被开采殆尽，大部分居民都离开了。今天的博迪镇犹如一座幽灵城镇。

美国西部

博迪镇位于加利福尼亚州莫诺县内华达山脉海拔 2 553 米处。该地区气候干燥，尘土飞扬，夏季炎热，冬季寒冷。

选矿厂

今天，博迪镇遗留下来的最大的建筑是选矿厂，用来处理矿工挖掘出的原矿，将其中的金、银与其他价值较低的金属分离。这种工业流程严重破坏了当地的自然环境。

扑灭火情

博迪镇的主要建筑物均为木质，所以火灾一直是令人担忧的问题。这里曾经有 4 支独立的消防队，配备有装在马车上的手动操作水泵。

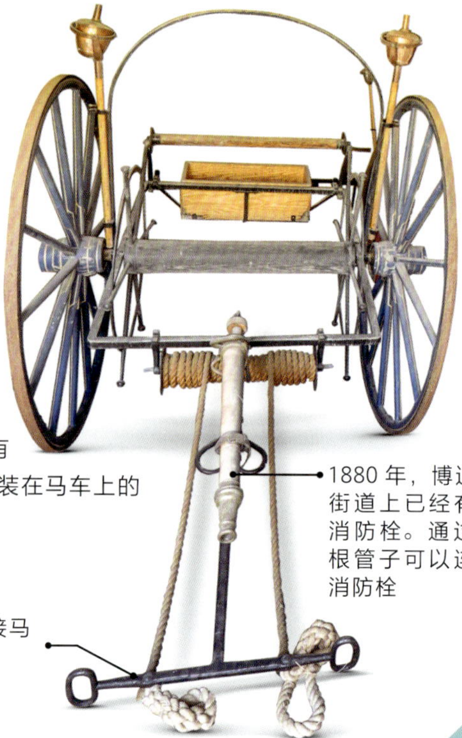

1880 年，博迪镇街道上已经有了消防栓。通过这根管子可以连接消防栓

这个 T 形车辕用于连接马车，也可由人力拉动

守护安全

博迪镇的执法工作由该镇的狱卒兼巡官约翰·基尔根负责。镇上有时会发生打架、枪击等事件。基尔根和他的队员们努力维护着镇上的秩序。

博迪镇的监狱很小，只有两间牢房

“幽灵城镇”

博迪镇的最后一批居民于 20 世纪 60 年代离开，留下了他们带不走的不动产。今天，这些建筑物以“呈现自然衰败”的方式被保留了下来。这意味着，任何人都不得在任何建筑物中移动任何东西。

过去的一页

从 1881 年开始，随着居民的迁出，博迪镇的人口数量越来越少。到 1915 年，大部分居民都离开了。1962 年，这个几乎荒废的小镇成了加利福尼亚州州立历史公园。这里今天仍然矗立着 100 多座建筑，为我们了解过去的生活提供了独一无二的机会。

1 德尚博酒店是博迪镇为数不多的砖砌建筑之一。1880 年，该建筑成了镇邮局。

2 博迪镇上最繁忙的街道是主街。东西方向的主街与南北方向的绿街交会。

3 这栋楼曾经是博迪镇的校舍。1942 年之前，学生们都在这里上课。原来的桌椅至今仍然整齐地摆在楼内。

亚洲移民

数百名中国劳工曾在博迪镇生活。他们居住的区域被称为唐人街。许多人以跑骡车为生，即用骡子运送各种物品，包括各家各户都要用到的木柴。

博迪镇上忙碌的一天

1880 年夏天，又是一个炎热的午后，博迪镇的居民在主街上忙碌着。越来越多的人来到这个镇子，为了追逐黄金带来的机遇，在这里安家立业。得益于外来人口的到来，博迪镇正在日新月异地蓬勃发展。

1 新居民
这些人来自附近的牧场，他们想为马匹找到马厩。

2 理发师
前一位客人刚走，下一位还没有来。镇上的理发师简 · 卡特可以趁机小憩一会儿了。

3 酒吧大战
这场从酒馆里吵到街上的纷争还没有结束，两名执法人员只好过来看看。

4 购物
这对母子要去布恩商店买一些东西，也许还会买个玩具。

5 游医
人们聚在一起，想赶在医生动身前往下一个镇子之前，看看他手上有什么药品。

6 贵重货物
人们正往马车上装载金条和银条。马车会受到武装警卫的保护。

7 火灾？

有人打电话说城镇北部发生了火灾，消防员急忙赶去。

8 选矿厂

选矿厂正在处理从矿山挖出的原矿，烟囱中冒出滚滚浓烟。

9 骡队

小镇附近的树木很少，木柴大多是由骡队从远处运来的。

10 抓到你了！

放学后，几个孩子在回家的路上嬉闹。

11 运输货物

这辆巨大的骡车从城外运来了补给。货物太重了，需要 16 头骡子才能拉动。

12 乖，冷静点！

一匹小母马被镇上的喧闹声吓了一跳。骑手正努力让它平静下来。

布恩商店

无论在哪个小镇，杂货店都是最重要的店铺之一。博迪镇有好几间杂货店，其中一家叫布恩商店，位于主街，是镇上经营时间最长的一家。店里出售食物、衣服、玩具、工具等商品。所有这些生活必需品都由马车运到小镇，马车会沿着穿过峡谷的道路抵达小镇北部。

显眼的位置

布恩商店开在主街上非常显眼的位置，以店主哈维 · 布恩的名字命名，于 1879 年开业。布恩还拥有其他商店，在博迪镇是个大人物。美国著名探险家丹尼尔 · 布恩是他的亲戚。

父母忙于购物时，这个女孩发现了一个她想带回家的娃娃

这个人正在等待店员转动咖啡机的轮子，为他磨咖啡

耐磨的衣服

1850 年左右，牛仔裤在美国被发明出来，并迅速成为流行的工作服。博迪镇的大多数矿工都会穿着图中这样的牛仔裤上工，其样式和李维 · 斯特劳斯博物馆中的复制品相似。这条牛仔裤的历史可以追溯到 1880 年前后。布恩商店会出售牛仔裤和牛仔裤面料。

像玩具鼓这样吵闹的玩具特别受欢迎——虽然父母不喜欢，但孩子们很喜欢

玩具

孩子们往往直奔布恩商店的玩具区。玩法类似保龄球的彩色弹珠很受欢迎，玩具武器也备受青睐。尽管美国内战已在 15 年前结束，孩子们还是会用这些玩具来扮演士兵。

这个娃娃手拿小球和球拍。她穿的网球服很漂亮

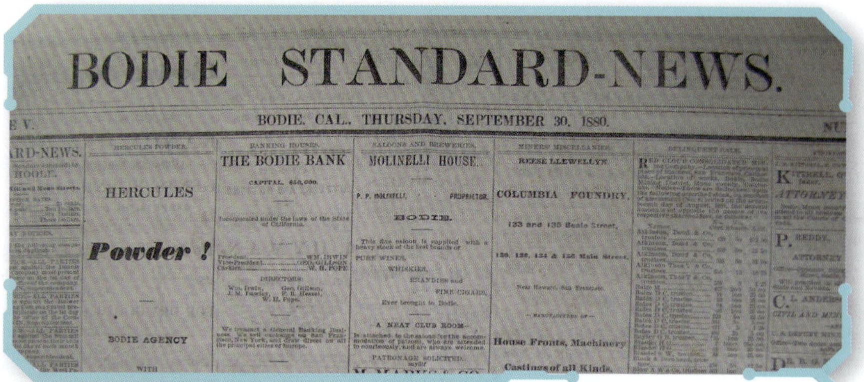

锡制天花板上饰有图案精美的镶板

店员必须爬上梯子才能够到上层货架

面粉和糖等货物被装在桶里

阅读报刊

《博迪标准新闻》是博迪镇上的6份报纸之一。该报会刊载镇上的故事、当地的商业新闻和广告。在没有电视和广播的时代，报纸通常是镇民了解最新消息的唯一途径。

车夫的座位上没有顶。有时车夫旁边还会有一名武装警卫

药品

在许多城镇，杂货店还兼作药房。布恩商店也出售治疗头痛、花粉过敏、消化不良甚至脱发的药物。

城际交通

公共马车将博迪镇与更广阔的世界连接了起来。马车可接送乘客在博迪镇与其他城镇之间往返。公共马车还承担了将在博迪镇开采的金银运送到铸币厂的业务。在那里，金条会被加工成硬币。

冠军沙龙

结束了一天在矿山或加工厂中劳累的工作，男人们会在博迪镇的 60 多家酒吧里放松身心、与人社交、讨论业务。在酒吧这个狭小且烟雾缭绕的空间里，人们可以喝酒、赌博，还能吃上热腾腾的饭菜。当然，有时他们也会惹出麻烦。今天，在一家名叫冠军沙龙的酒吧里，由纸牌游戏引发的争议即将演变成一场火药味十足的争吵。

用音乐助兴

许多酒吧都有钢琴，有些酒吧每晚都有表演。有时也有钢琴和小提琴或吉他的合奏，甚至还有歌手演唱。山姆 · 利昂酒吧是博迪镇保存至今的酒吧之一。上图中的这架钢琴如今仍被放置在该酒吧中。

1 这个安静喝酒的人抱怨自己被打扰了——这种事可不是第一次发生了。

死亡威胁

边陲小镇的生活充满了风险。致命的枪击事件有时就发生在博迪镇的酒吧中。矿井中的工作也是危险重重，矿工有时会付出生命的代价。左图中的马拉灵车曾多次运送逝者。

2 没有人在作弊后还能轻松地一走了之！这个玩家生气地拔出了手枪。

5 这个痰盂里满是客人吐出的黏糊糊的、嚼过的烟草块。

打败庄家

法罗牌是当时美国西部最流行的纸牌游戏。玩家要与庄家对垒，比较牌的大小。玩一局费时短，紧张刺激。在法罗牌游戏中，庄家跟玩家对赌被比喻为“打虎”，因畅销纸牌背面的老虎图案而得名。

3 矿工们下班后经常直接到酒吧来。许多人甚至不会换下脏衣服。

4 这局法罗牌的庄家最近刚从美国东部来到博迪镇。他正在密切关注所有的玩家，还有他自己的钱。

6 酒保正准备制止关于纸牌游戏的争吵。他之前就遇到过这种情况，因此他在吧台后面藏好了武器。

首选武器

博迪镇上大多数人携带的左轮手枪都是短管型的，比如英国“斗牛犬”左轮手枪。这种小型手枪便于放在外套的口袋里，如果发生争斗，也很容易隐藏起来或快速拔出。

联合大厅

博迪镇矿业联合大厅提供了一处远离嘈杂酒吧的聚会和交谈的场所。也是在这里，矿工们争取到了每天 4 美元的工资。

LINE
ROYAL
BAKING POWDER
PLEASE DO NOT ASK FOR CREDIT
GOLDEN STAR
BAR SUGAR
M.J.B.
MERCANTILE

货架上仍有商品

在博迪镇的布恩商店里，至今仍有摆满商品的货架。这是为了向游客们展示，如果该镇仍然有人居住，布恩商店会出售什么样的商品——有杂货、酒精、干草、马粮，甚至还有牙粉。布恩商店的顾客还可以用放在前门的轮式咖啡机研磨新买的咖啡豆。

泰坦尼克号沉落之谜

泰坦尼克号曾被视作有史以来最大、最快、最豪华的客轮，它的设计师甚至认为它也是最安全的客轮。但在 1912 年 4 月的首航中，泰坦尼克号撞上了冰山。3 个小时后，这艘船沉入了海底，共有 1 500 多人丧生。

沉船现场

泰坦尼克号于 1912 年 4 月 15 日从英国南安普敦前往美国纽约，在途中沉没。沉船残骸现在位于水深 3 800 米的海床上，距加拿大纽芬兰省的海岸有一段距离。

建造泰坦尼克号

泰坦尼克号于 1909 年 3 月在北爱尔兰贝尔法斯特的哈兰德与沃尔夫造船厂开始建造。这是白星航运公司的第二艘“超级客轮”——第一艘是泰坦尼克号的姊妹舰奥林匹克号（如右图所示）。由于船体庞大，造船厂必须在特制的码头上建造。

船尾安装了 3 个巨大的铜质螺旋桨，可为船提供动力

这个陶瓷浴缸位于船长爱德华·史密斯的船舱内

存于大海

即使在 100 多年后，大部分船体残骸仍然存在。在这个深度的海底，水温极低，水压巨大，许多会破坏沉船的植物、鱼类及细菌都难以生存。

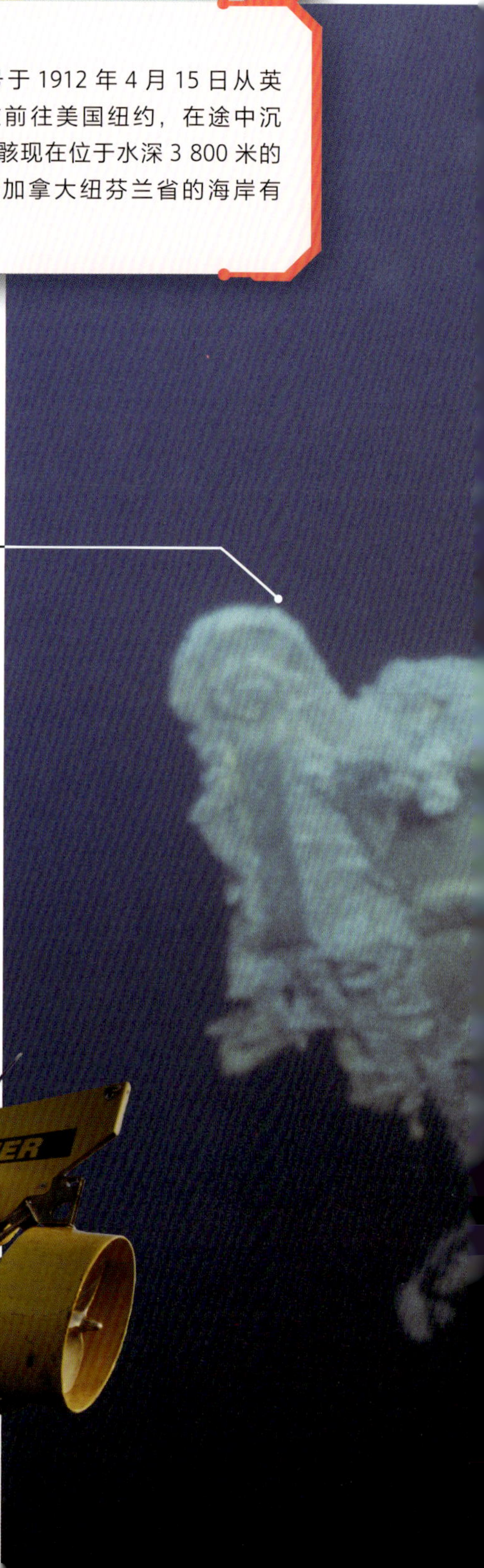

泰坦尼克号的铁制部件表面都有类似冰柱的锈状物——一种由铁的化合物和以金属为食的微生物混合而成的物质

寻找残骸

直到 1985 年，泰坦尼克号沉船残骸才被发现。当时法、美联合探险队发现了船上的一个锅炉。不久之后，他们又发现了嵌在泥沙里的船头。从那时到现在，像鹦鹉螺号这样的潜水器已经将数百件物品从深海带到了岸上。

鹦鹉螺号可以容纳 3 名船员

海上的庞然大物

泰坦尼克号体积巨大，有 10 层甲板，可搭载 3 547 名乘客和船员。船身长 269 米左右，大约相当于 22 辆公共汽车的长度。满载时，重达 67 063 吨。

在海底安眠

泰坦尼克号的船头位于海床上，一部分埋在厚厚的泥浆中。船尾背向船头，距离船头大约 600 米。由于舱室进水，重量超过承重极限，船身断开了，船头率先沉没。船上的物品散落后形成了一个大约 2 平方千米的碎片区。

1
2
3
4
5
6
7
S.S. TITANIC
S.S. TITANIC

快速下沉

在 1912 年 4 月 15 日零点前，泰坦尼克号撞上了一座冰山，船体上出现了数道裂缝。几分钟之内，船的各个部分就灌满了水。因超出承重极限，船身断开了。惊慌失措的乘客们争先恐后地登上救生艇，船员们也拼命帮助乘客离开客轮。与此同时，船员们发出了求救信号。2 个小时内，这艘船注定会沉于海底。

1 妇孺优先

一名船员正在努力确保妇女和儿童能够优先登上救生艇。

2 救救我的孩子！

这个母亲将她的婴儿扔进救生艇，她已知道自己逃生的希望很渺茫。

3 放下救生艇

船员们使用被称为吊艇架的小型起重机，利用绳索和滑轮将救生艇放到海面上。

4 15 号救生艇

作为最后一批下水的救生艇之一，这艘小船最终将 70 人带到了安全地带。

5 13 号救生艇

男人们用桨将救生艇推离客轮，好让救生艇被顺利放下。

6 扔下躺椅

折叠躺椅被抛下船，让水中的人们当救生筏使用。

7 诡异的光

海洋微生物使海面泛起绿色的磷光。

8 保持照明

工程人员仍恪尽职守，保证这艘船依然能供电和照明。

9 游向希望

一些乘客跳入冰冷的海水中，试图游向救生艇。

10 船头入水

当船头下沉时，人们努力逃向船尾。

11 呼救

求救信号弹像烟花一样绽放，提醒附近的船只：泰坦尼克号遭遇了危机。

心爱的乐器

这把小提琴还放在琴箱里，船沉没不久后就被打捞了上来。它属于泰坦尼克号的乐队领队华莱士·亨利·哈特利。哈特利没能幸存下来。据说，在船沉没时，乐队一直在演奏欢快的曲调，让人们登上救生艇时能够鼓起求生的勇气。

船的核心区域

在建造时，设计者曾不遗余力地想将泰坦尼克号打造成有史以来最豪华的远洋客轮。因此，当船身开始下沉时，头等舱的乘客产生了一种错误的安全感。他们中的许多人觉得待在船上更安全，也拒绝站在寒风中等待救生艇。但随着情势变得越来越危险，恐慌开始蔓延。很快，惊慌失措的乘客们开始收拾财物，然后冲向救生艇。

尊贵体验

头等舱的乘客可以随意光顾船上的各间餐厅、咖啡厅和酒吧。根据菜单点菜在当时是最尊贵的体验。当然，乘客也需要支付额外的费用，才能使用精美的银器和瓷器享受法式美食。下图展示了泰坦尼克号的菜单。

这件带有白星航运公司标志的银器来自泰坦尼克号的姊妹舰

1 这名船员正试图将惊慌失措的乘客引向救生艇。

2 一些乘客觉得待在船上更安全，拒绝撤离。

3 这个人正在绝望地寻找他的妻子和女儿。

4 乘客们排队从乘务长办公室取回他们寄放的贵重物品。所有没被带走的东西最终都沉入了海底。

在甲板上漫步

上面4层甲板的大部分区域为头等舱乘客专用。在A层甲板，乘客可以沿着露天走道享受海风。走道的一部分带有顶篷，即使天气不好，客人也可以出来散步。

主楼梯

泰坦尼克号的主楼梯位于这艘船的核心区域。它从头等舱的长廊一直通到位于D层甲板的餐厅。楼梯是橡木材质的，配以黄铜饰件和水晶灯，装饰华丽。其顶部是巨大的玻璃穹顶。

玻璃穹顶让自然光能照进主楼梯

6 服务员继续为决定留在船上的乘客提供饮料。

5 可将头等舱乘客从下层甲板运送到长廊的电梯很快就会被淹没。

特权阶级

头等舱的乘客比船上的其他人更有可能在灾难中幸存下来。头等舱只有30%的乘客丧生，而其他舱位的乘客和工作人员中约有66%的人丧生。

达夫–戈登夫人和另外11名乘客乘坐1号救生艇脱险。当时艇上还有能容纳40人的空间

与时间赛跑

泰坦尼克号撞上冰山后不久，这艘船的悲剧结局就已确定。此时最迫切的是如何让发动机保持运转并提供足够的照明，以尽可能让更多的人坐上救生艇。司炉和工程师正奋力让船继续运转。与此同时，水灌进了一个又一个锅炉舱。

每个锅炉舱有 14 名司炉，他们每 2 分钟就要向每个锅炉里铲 1 吨煤

保持动力

泰坦尼克号用燃烧煤炭产生的蒸汽驱动发动机。289 名司炉不停地往 29 台巨大的锅炉里铲煤，让发动机全速运转。

最先发现

直到 1985 年，寻找泰坦尼克号的探险队仍未发现沉船残骸。有一次，在任务接近尾声时，一个巨大的物体出现在海底拍摄的视频中：那是船上的一个锅炉。事故发生 73 年后，泰坦尼克号沉船残骸终于被找到了。

锅炉正面朝上，圆形炉门清晰可见

1 泰坦尼克号上有 29 个这样的巨型锅炉，分布在 6 个锅炉舱中。

2 锅炉两端各有 3 个燃煤炉。

沉船

泰坦尼克号曾被称为“永不沉没的巨轮”，是因为它的船身内部有十几个水密隔舱。即使两个水密隔舱被淹，这艘船仍可以保持漂浮状态。但是，与冰山的撞击使船身出现了一系列裂痕，导致海水灌进了 4 个水密隔舱，并迅速涌入第五个隔舱。这超出了泰坦尼克号的承重极限。

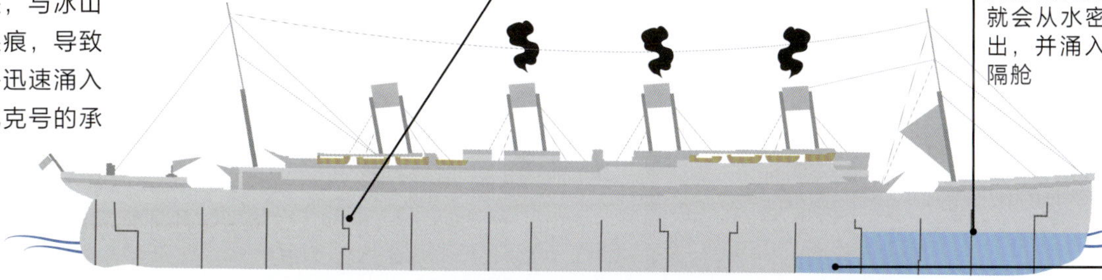

“水从地板上方 60 厘米处倾泻而下。船的右舷从第三个锅炉舱到船头的部分已然被毁。”

——司炉长范德瑞克 · 威廉 · 巴瑞特

3 从地板渗出的水带来了致命的威胁：如果锅炉进水，会产生大量蒸汽，进而引发爆炸。

4 司炉必须迅速灭火并排出锅炉里的蒸汽，以降低发生爆炸的风险。

5 主管工程师正在向舰桥上的船长发送消息。

范德瑞克 · 巴瑞特

撞到冰山时，司炉长范德瑞克 · 巴瑞特正在 6 号锅炉舱值班。他后来搭乘 13 号救生艇成功逃生。在放艇过程中，13 号救生艇一度处在 15 号救生艇下方，且两艘救生艇同时下降。在这一关键时刻，巴瑞特及时避免两艇相撞，挽救了许多生命。

海底深处

在海平面以下约 3 800 米处，俄罗斯和平号潜水器正在接近泰坦尼克号的船头。和平号可以容纳 3 个人，但由于内部极其狭窄，其中 2 人不得不躺下。和平号可以连接较小的潜水机器人，方便探索泰坦尼克号的角落和缝隙。

梅西纳战役

第一次世界大战（1914—1918）在欧洲爆发时，交战双方纷纷修建堑壕来保卫自己的阵地。无论是协约国还是同盟国，都无法对对方造成毁灭性的打击。1917 年的梅西纳战役是协约国发起的一次重要战役。协约国军队在当地的德军堑壕下方埋置地雷，引发了连环爆炸。今天，研究人员仍不断发现衣服、武器和其他协约国军队战斗到最后的证据。

作战计划

梅西纳山脊是德国占领的一座海拔 80 米的比利时山丘，靠近法国边境。当时，协约国军队计划突破德军防线，收复比利时沿海地带。

永久的记忆

1917 年 6 月 7 日凌晨，协约国军队在梅西纳山脊实施了有史以来规模最大的人工爆破。连环大爆炸产生的弹坑至今仍然存在，其中最大的一处曾被埋下 40 823 千克炸药。现在，这里被称为“和平之池”。

假树

协约国军队有多种收集敌人信息的方法，包括澳大利亚军队使用的这种假树。假树由金属和帆布制成。一名配备双筒望远镜的士兵正躲在里面监视德军。

这棵假树被伪装成遭受过枪击和爆炸的样子

内部空间非常狭窄，在里面待着很不舒服

移动的武器

协约国军队在进攻过程中使用火力猛烈的榴弹炮发射了数千枚炮弹。榴弹炮属于野战炮，在梅西纳有 108 门右图中这种小型的轮式榴弹炮和 214 门较大的榴弹炮。

轮式炮架能帮助士兵将火炮移动到战场上最需要的地方

堑壕的设计

堑壕被挖成“之”字形。这意味着即使有敌人攻入堑壕，能直线射击的范围也会非常有限

防线

协约国军队对梅西讷的进攻战线长约 16 千米，但最激烈的战斗发生在狭长低矮的梅西讷山脊上。今天，该地区的大部分地方都是农田，就像战前一样。某些地块的主人允许研究人员在此地挖掘。图中为在当地复原后的堑壕。

支撑结构

壕沟墙由泥土堆砌，有时会坍塌，因此需要用木板、柳条枝或波纹铁加固

垫路板

堑壕里的垫路木板能让士兵们的双脚保持干燥。如果长时间站在污泥或积水中，士兵的脚会受伤，严重时甚至会溃烂坏死。这种症状被称为“堑壕足”

额外的火力

德军的堑壕系统还包括混凝土碉堡，其顶部装有机枪，可以向敌人射击。碉堡通常是方形的，正面有一个狭小的缝隙，供防守的士兵架设机枪。

1
2
3
4
B28
5
6
7
8

梅西讷堑壕

1917 年 6 月 7 日，在守卫梅西讷山脊的德军士兵的脚下，出现了由协约国工兵挖掘的坑道。凌晨 3 点 10 分，19 个建在坑道中的爆炸室被引爆，一时间炮火纷飞。与此同时，协约国的坦克和步兵也向德军堑壕发起进攻，试图迫使德军后撤。

1 协约国军队
来自英国、爱尔兰、澳大利亚和新西兰的协约国军队冲破了德军的防线。

2 战场
堑壕之间的区域满是泥泞的弹坑和被烧毁的树木。这些地方被叫作无人区。

3 火力强大的武器
协约国军队使用重型火炮向德军堑壕发射了 27 千克的炮弹，试图摧毁敌方的火炮。

4 防弹功能
一辆英军的马克 IV 型坦克向敌方堑壕行进时，弹开了击中车身的子弹。

5 上刺刀！
协约国士兵跳入堑壕，准备与敌人近距离战斗。

6 夜空被点燃
爆炸甚至照亮了夜空，这能帮助同盟国士兵发现不断靠近的敌方部队。

7 德军工事
德军堑壕的防御工事包括沙袋、坚固的墙壁、隐蔽所和用于射击的高台。

8 猝不及防
进攻开始时，这几名士兵正在休息。他们必须快速回到作战位置！

9 通信
士兵们使用有线电话联系总指挥部。交战时，电话线经常被切断。

10 激战
空中，协约国的 S.E.5a 型战斗机和三翼战斗机正在与德国的信天翁 D.III 型战斗机作战。

11 轰隆隆！
堑壕地下的深处被协约国军队挖出了坑道，并埋下了地雷。爆炸就是由这些地雷引发的。

前线的生活

堑壕里的日常生活要么非常无聊，要么非常凶险。对许多德国士兵来说，堑壕内部的防空洞就是在战斗之余用来放松的安全空间。与此同时，地面上的部队会利用混凝土碉堡内的重火力机枪来阻止敌人的进攻。

防空洞

堑壕内有防空洞，可供士兵躲避炸弹或休息。德军的防空洞通常比协约国军队的挖得更深，造得更好。

纸牌游戏

很多士兵会通过打牌来消磨时间。制造商为军队特制了军事主题的卡牌，比如这副瑞士产的纸牌。

协约国军队和德军都使用了数百万个沙袋，来保护己方免受炮火和炸弹的伤害。每个沙袋重约 18 千克

士兵们必须抓紧时间休息，或者喝咖啡提神，因为他们永远不知道敌人会在何时发起下一次进攻

士兵们使用锡锅烧水，或用小炉子烹饪食物

阅读家信的士兵在思念亲人

“甜蜜之家”

一些德国部队建造了豪华版的防空洞。这些防空洞内的陈设相对舒适，有的门口还挂着写有“甜蜜之家”字样的标语。少数防空洞甚至有两到三层。

大老鼠

堑壕里老鼠的数量比士兵还要多。它们会偷吃食物，也会传播疾病。交战双方都会用狗，特别是猎犬，来消灭这些啮齿动物。

快速射击

MG08 重机枪是德国陆军中使用最广泛的重机枪。它每分钟可发射约 400 发子弹，射程为 2 千米。弹药通过弹链送入机枪，每条弹链上装有 250 发子弹。

头部装备

德军在两次世界大战中广泛使用钢盔。钢盔侧面有孔，可以通风。冬天，士兵们会用泥或布塞住这些孔，以阻止冷空气进入。

“堑壕战是最血腥、最野蛮、最残酷的……那里没有怜悯，也没有回头路……”

——德国军官恩斯特 · 荣格（1895—1998）

碉堡

进攻方非常惧怕碉堡，因为致命的炮火会不间断地从高架阵地射出。但碉堡也容易受到炸弹和炮弹的攻击。

手枪

德军炮兵军官会配发这款鲁格 P08 手枪，而不是步枪。

强悍的机器

如果看到一辆马克 IV 型坦克隆隆地向自己驶来，德军士兵一定会感到害怕。这款坦克虽然行进速度缓慢，但势不可当。德军的步枪无法击穿它的装甲，而且它还配有强大的火力。但马克 IV 型坦克也不是无敌的。厚厚的泥浆和陡峭的坡道对坦克的威胁甚至不亚于德国的导弹。此外，坐在坦克里的人会感觉很不舒服，坦克里酷热难耐，也很危险。

6 磅炮

马克 IV 型坦克有两种类型，一种车身两侧都配有 6 磅炮，另一种车身两侧各设有两挺机枪，可在配合步兵部队的近距离战斗中大放异彩。

坦克顶部有一个舱门。坦克内可容纳 8 名乘员，包括驾驶员、车长、两名侧炮手、两名装填手和两名制动器操作员

马克 IV 型坦克使用 105 马力的戴姆勒发动机，最高时速不足 6 千米

坦克侧面的凸出结构让机枪能够旋转，从而更容易攻击目标

“我们设计出了坦克这样的东西，这让德国人感到非常惊讶。”

——英国炮兵军官蒙蒂·克里夫（1894—1993）

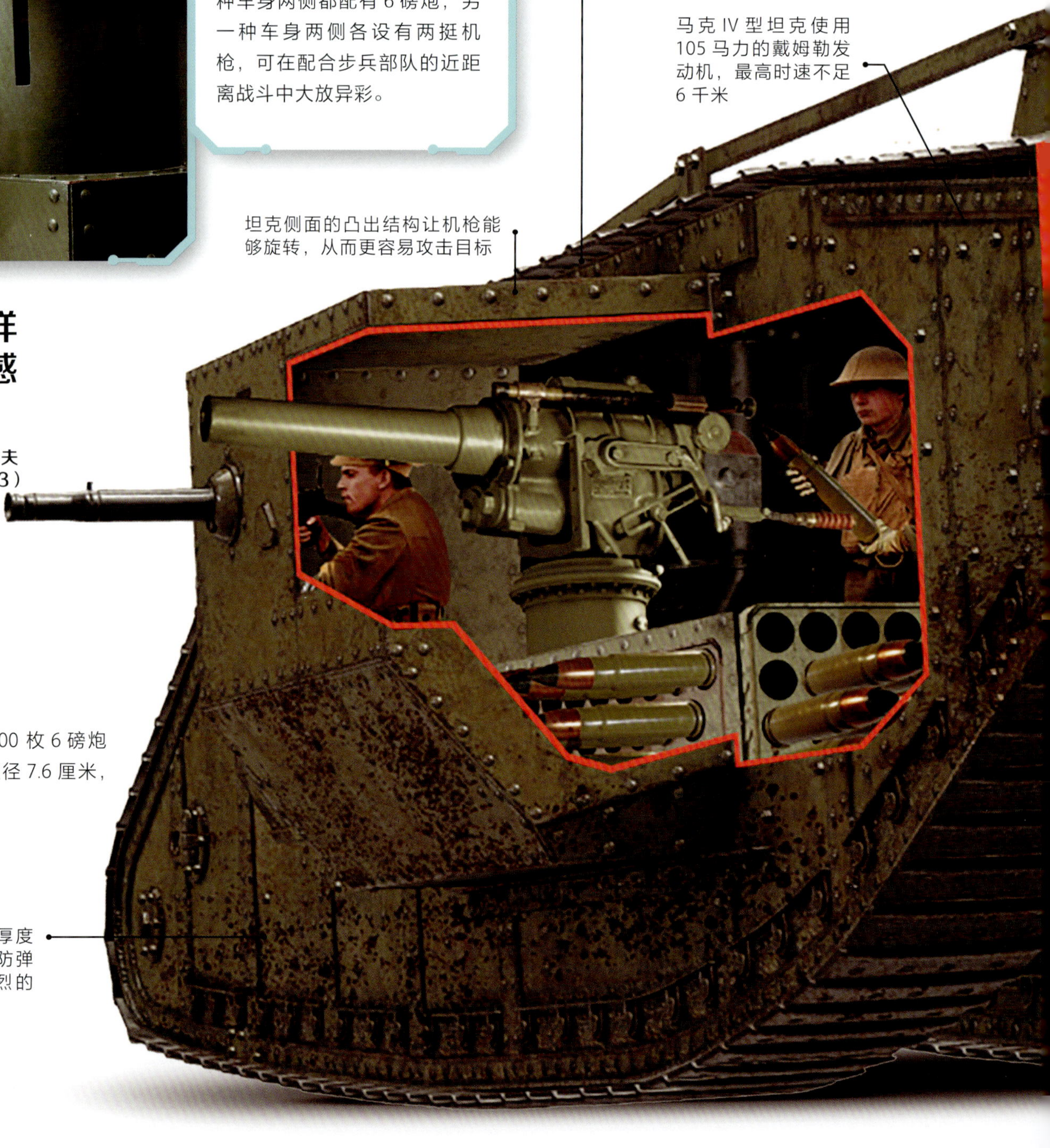

重型弹药

马克 IV 型坦克可携带大约 300 枚 6 磅炮弹，每枚炮弹长 48 厘米，直径 7.6 厘米，射程可达 7 千米。

马克 IV 型坦克的装甲厚度为 12 毫米，有一定的防弹效果，但无法抵挡猛烈的炮火

踏板的作用

车长和驾驶员坐在坦克的前部。车长通过踏板来控制坦克行进的速度，驾驶员则使用拉杆控制左右两边履带转动的速度，以调整行驶方向。

小威利

第一辆坦克样车是由英国皇家海军设计的，最初被称为“陆地舰”。上图为生产于 1915 年的“小威利”坦克。在其基础上，经过一番从大小、外观到内部结构的改进后，马克 IV 型坦克诞生了。因此，“小威利”坦克世上仅此一辆。

马克 IV 型坦克的车长还负责操控坦克正面的武器——一挺刘易斯机枪或霍奇基思机枪

马克 IV 型坦克在梅西讷战役中首次亮相，之后又生产了 1 200 辆，是一战中使用频率最高的坦克

马克 IV 型坦克长 8 米，宽 4.11 米，高 2.43 米，与一辆公共汽车的长度相当

陷入泥泞

如果一辆坦克被困在泥地里了，乘员会将一根俗称“自救木”的木质或金属制长杆的两端与履带前部连接，形成一个坚实的支点，让坦克顺利驶过，脱离困境。

国际军队

这些法军士兵来自非洲，在欧洲参加了第一次世界大战。战争爆发时，法国和英国曾在其海外殖民地招募当地人加入部队。约 250 万非洲士兵和 150 万印度籍士兵参加了这场帝国主义战争。

名词解释

盎格鲁－撒克逊人
古代日耳曼人中的盎格鲁、撒克逊、朱特等部落集团，分布在北欧日德兰半岛、丹麦诸岛、德国西北沿海一带。

步兵
陆军中以徒步、乘车或下车战斗等方式遂行地面作战任务的兵种。

冰川
极地或高山地区沿地面运动的巨大冰体。

堡垒
军事上作为防守用的坚固建筑物。

壁画
绘制在建筑物的墙壁或天花板上的图画。

朝圣
宗教徒朝拜宗教圣地。

弹药
装有火药、炸药或其他装填物，能对目标起毁伤作用或特殊用途的装置与物品的总称。

法老
古代埃及国王的称号。

防御工事
坚固的单体或一组建筑物，用于抵御敌方的攻击并保护己方人员。

哥特式教堂
哥特式艺术指 12—16 世纪初期盛行于欧洲的一种以新型建筑为主的艺术。哥特式教堂以交叉肋拱、高扶壁、飞扶壁、尖拱结构、尖塔和新装饰体系的广泛应用为特征。

公民
具有或取得某国国籍，并根据该国宪法和法律规定享有权利和承担相应义务的人。

公元
国际通用的公历的纪元，从传说的耶稣诞生那一年算起。

贵族
奴隶社会、封建社会的统治阶级中享有政治、经济特权的阶层。

火炮
以发射药为能源发射弹丸、口径在 20 毫米以上的身管射击武器。

护身符
和尚、道士或巫师等所画的佛、菩萨、鬼神的像、符或念过咒的物件，迷信的人认为随身佩带，可以驱邪免灾。

红树林
热带海岸泥滩上的常绿灌木和小乔木群落。

进口
从国外将商品（或服务）销售或投放到某国的贸易活动。

考古学
根据发掘出来的或古代留传下来的遗物和遗迹来研究古代历史的学科。

领土
在一国主权下的区域，包括一国的领陆、领水，领陆和领水之下的底土，以及领陆和领水之上的领空。

莫卧儿帝国
1526 年兴起于印度半岛北部的伊斯兰国家。

丝绸之路
古代中外交通干线，以中国长安、洛阳为始发地，贯穿亚洲中部、西部及非洲、欧洲等地，丝绸是其运送的大宗货物之一。

苏丹
某些伊斯兰教国家最高统治者的称号。

尸检
通过对尸体的体表观察、内部器官的肉眼和显微镜的形态学检查，以识别和确定其各种病变，并结合死者生前的临床表现、各种实验室检查结果和采取的诊治手段等，以明确死者疾病性质和死亡原因的一种检查方法。

斯基泰人
公元前 7 世纪～公元 3 世纪占据黑海以北地区、操北伊朗语的居民。

细菌
原核生物的一大类，形状有球形、杆形、螺旋形、弧形、线性等，一般都通过分裂繁殖。自然界中分布很广，对自然界物质循环起着重大作用。

新石器时代
考古学上石器时代的最后一个阶段，开始于八九千年以前。

岩画
史前人类刻画在山洞壁上或山崖上的图画。

冶炼
利用焙烧、熔炼、电解、化学药剂等将金属从矿物中提炼出来的技术的统称。

殖民地
原指一国在国外所侵占并大批移民的地区。在资本主义时期，指被资本主义国家剥夺了政治、经济的独立权力，并受它管辖的地区或国家。

中世纪
欧洲历史上指封建社会时代。一般指公元 476 年西罗马帝国灭亡到公元 1640 年英国资产阶级革命这段时期。

索引

S

T

W

X

Y

Z

致谢

多林金德斯利出版社感谢以下人士（参与英语原著的出版工作）：索引编纂伊丽莎白 · 怀斯；校对丹尼尔 · 科鲁尔 · 吉；地图绘制西蒙 · 芒福德；设计克瑞丝 · 巴纳德。

多林金德斯利出版社感谢相关机构提供照片。

(Key: a-above; b-below/bottom; c-centre; cl-centre left; fcl-far centre left; cr-centre right; cra-centre right above; clb-centre left below; crb-centre right below; tc-top centre; br-below/bottom right; f-far; l-left; r-right; t-top, tl-top left; tr-top right;)

6 Alamy Stock Photo mikeobiz (bl); Panther Media GmbH (cl). **Getty Images** Xavier Desmier (t); Anna Gorin (br). **7 Alamy Stock Photo** Ulrich Doering (bl); Hemis (tl); Ian Littlewood (tr). **Dreamstime.com** Anton Aleksenko (c). **Getty Images** R.M. Nunes (br). **8 Alamy Stock Photo** CTK (tc); James King-Holmes (cr). **Getty Images** DEA / A. Dagli Orti (b). **Mittnik et al.** (cl). **9 Alamy Stock Photo** Album (br). **Shutterstock.com** zedspider. **11 Alamy Stock Photo** blickwinkel (b); Ian Dagnall (tl); The Natural History Museum (c). **Dorling Kindersley. Getty Images** DEA / A. Dagli Orti (cb). **12-13 Alamy Stock Photo** agefotostock. **14 Alamy Stock Photo** Sanja Radosavljevic (cl/sloe berries). **Science Photo Library** PAUL D Stewart (cr). **South Tyrol Museum Of Archaeology - www.iceman.it** Eurac / Samadelli / Staschitz (b). **14-15 Getty Images** Paul Hanny. **15 Alamy Stock Photo** mauritius images GmbH (br). **17 Bridgeman Images** © Wolfgang Neeb (t); © Wolfgang Neeb (cl). **South Tyrol Museum Of Archaeology - www.iceman.it** Eurac / Samadelli / Staschitz (cr); Harald Wisthaler (b). **18 Alamy Stock Photo** (br); Heritage Image Partnership Ltd (c). **Bridgeman Images** Sandro Vannini (cl). **18-19 Dreamstime.com** Anton Aleksenko (t). **19 Alamy Stock Photo** History & Art Collection (br); robertharding (bc). **22 Getty Images** DEA / A. Jemolo (bl). **23 Alamy Stock Photo** robertharding (cr). **Bridgeman Images** Harvard University-Boston Museum of Fine Arts Expedition (br). **Dorling Kindersley** Peter Harper / © The Trustees of the British Museum. All rights reserved. (tr). **24 Alamy Stock Photo** Jose Lucas (cl). **Bridgeman Images** NPL - DeA Picture Library (bl). **Getty Images** Christophel Fine Art (bc). **25 akg-images** Heritage Images / Ashmolean Museum, University of Oxford (br). **The Trustees of the British Museum. All rights reserved.** (tr). **Getty Images** swisshippo (tc). **26 Bridgeman Images** Harvard University-Boston Museum of Fine Arts Expedition (bc); Sandro Vannini (bl). **27 akg-images** De Agostini Picture Lib. / G. Dagli Orti (br). **Alamy Stock Photo** agefotostock (tc). **Bridgeman Images** Werner Forman Archive (tr). **28-29 Bridgeman Images** NPL - DeA Picture Library / S. Vannini. **30 akg-images** Bible Land Pictures (b). **Alamy Stock Photo** Tuul and Bruno Morandi (cl); The Print Collector (cr). **30-31 Alamy Stock Photo** INTERFOTO (tr). **31 Alamy Stock Photo** The Print Collector (br). **Getty Images** Photo Josse / Leemage (bl). **32 Alamy Stock Photo** Album (tr); Ivan Vdovin (tl); INTERFOTO (c); Zip Lexing (b). **34-35 Alamy Stock Photo** Tibor Bognar. **36 akg-images** (l). **Bridgeman Images** Look and Learn (br). **36-37 Getty Images** Posnov (tr). **37 Alamy Stock Photo** INTERFOTO (br). **Getty Images** Heritage Images (bc). **40 Alamy Stock Photo** Ancient Art and Architecture (cl). **The Trustees of the British Museum. All rights reserved.. Getty Images** DEA / A. Dagli Orti (bl). **41 akg-images** jh-Lightbox_Ltd. / John Hios (br); Erich Lessing (cr). **Alamy Stock Photo** PRISMA ARCHIVO (tr). **42 akg-images** MMA / Gift of George F. Baker / SCIENCE SOURCE (bl). **43 akg-images** jh-Lightbox_Ltd. / John Hios (bl); jh-Lightbox_Ltd. / John Hios (br). **Alamy Stock Photo** Ivy Close Images (tr). **44 Alamy Stock Photo** agefotostock (cl); Pump Park Vintage Photography (bl); Athikhun Boonrin (cr); RichardBakerItaly (bc). **Dorling Kindersley** James Stevenson / Museo Archeologico Nazionale di Napoli (c). **45 Alamy Stock Photo** Granger Historical Picture Archive (br). **48 Alamy Stock Photo** Azoor Travel Photo (bl). **Dorling Kindersley** James Stevenson / Museo Archeologico Nazionale di Napoli (tr). **49 Alamy Stock Photo** Eye Ubiquitous (tr); robertharding (bl); Science History Images (br). **52 Dorling Kindersley** Dreamstime.com: Alvaro German Vilela (clb); James Stevenson / Museo Archeologico Nazionale di Napoli (tl); James Stevenson / Museo Archeologico Nazionale di Napoli (cr). **Getty Images** DEA / L. PEDICINI (b). **53 Alamy Stock Photo** Chronicle (tr); ONOKY - Photononstop (cr). **54 Alamy Stock Photo** Heritage Image Partnership Ltd (bl). **DigVentures** (cl); Durham University (br). **54-55 DigVentures. 55 Bridgeman Images** (br). **DigVentures** Durham University (cr). **58 Alamy Stock Photo** The Picture Art Collection (br). **Bridgeman Images** British Library Board. All Rights Reserved (tl). **Shutterstock.com** Alfredo Dagli Orti (cl). **59 akg-images** Heritage Images / Heritage Art (tc). **Alamy Stock Photo** Daegrad Photography (tl); INTERFOTO (tr). **DigVentures** Durham University (b). **60 Alamy Stock Photo** Science History Images (c). **Dorling Kindersley** Peter Anderson / Universitets Oldsaksamling, Oslo (cra); Dave King / Museum of London (cla). **61 Alamy Stock Photo** Science History Images (tr). **62-63 akg-images** Pictures From History. **64-65 Alamy Stock Photo** robertharding. **64 akg-images. Alamy Stock Photo** Nila Newsom (cr). **65 Alamy Stock Photo** Jake Lyell (br). **66 Alamy Stock Photo** dave stamboulis (b); Igor Zhorov (tr). **Getty Images** Selina Yau (tl). **68 Alamy Stock Photo** Ulrich Doering (cl). **Classical Numismatic Group, LLC.** (bl). **Marilee Wood** (cr). **S. Wynne-Jones Songo Mnara Urban Landscape Project** (br). **69 Alamy Stock Photo** Ulrich Doering; Jason Gallier (cr). **71 Alamy Stock Photo** Heritage Image Partnership Ltd (c); Eric Lafforgue (tr); NSP-RF (bl). **The Trustees of the British Museum. All rights reserved.. 72 Alamy Stock Photo** Nic Hamilton Photographic (crb). **Bridgeman Images. 73 Alamy Stock Photo** Historic Collection (r/inset); Hemis. **80-81 Shutterstock.com** Kharbine-Tapabor. **82 Alamy Stock Photo** Metta image (tl). **Bridgeman Images. Crow Canyon Archaeological Center** Wendy Mimiaga (cl). **83 Alamy Stock Photo** Zachary Frank (r/inset); mikeobiz. **84 Alamy Stock Photo** Cultural Archive (cl); Chuck Place (bl); Jean Williamson (bc). **Getty Images** Doug Meek (tl). **86 Dorling Kindersley** iStock: joakimbkk (crb). **Getty Images** DEA / A. Dagli Orti (cl). **Shutterstock.com** DeltaOFF (bl). **86-87 Getty Images** R.M. Nunes (t). **Shutterstock.com** Dmitry Rukhlenko (bc). **87 Alamy Stock Photo** agefotostock (br). **88 Alamy Stock Photo** Charles O. Cecil (tl); Veeravong Komalamena (tr). **Bridgeman Images** Pictures from History / David Henley (bl). **Shutterstock.com** Dale Warren (cl). **90 Alamy Stock Photo** Granger Historical Picture Archive (cr); Lordprice Collection (cl, c); IanDagnall Computing (bl). **90-91 Getty Images** Anna Gorin. **91 Getty Images** Austin Hou (br). **94 The Metropolitan Museum of Art** (c). **95 Alamy Stock Photo** Zoonar GmbH (tl). **Dorling Kindersley** Gary Ombler / University of Pennsylvania Museum of Archaeology and Anthropology (bl). **96 Alamy Stock Photo** Unlisted Images, Inc. (br). **Getty Images** Markus Daniel (cr). **97 Bridgeman Images** Giancarlo Costa (br). **Getty Images** Romina Moscovich / EyeEm (bl). **98-99 Getty Images** Istvan Kadar Photography. **100-101 Getty Images** DEA / W. BUSS (bl); DEA / W. BUSS (b/inset). **100 Alamy Stock Photo** CPA Media Pte Ltd (cl). **101 Alamy Stock Photo** V&A Images (bc). **Bridgeman Images. 103 Alamy Stock Photo** Archive PL (bc); Historic Images (cr). **Dreamstime.com** Jasonjung (tr). **The Metropolitan Museum of Art. 104 akg-images. Alamy Stock Photo** History & Art Collection (bl); Michael Snell (cl). **104-105 Alamy Stock Photo** Panther Media GmbH (t). **105 akg-images. Alamy Stock Photo** BIOSPHOTO (br). **107 Alamy Stock Photo** ap-photo (br); BIOSPHOTO (tr); Rosanne Tackaberry (c). **108-109 naturepl.com** Oriol Alamany. **110 Alamy Stock Photo** Album (cr); coward_lion (cl); The History Collection (bl); Art2010 (br). **110-111 Shutterstock.com** Kenan Yarici (t). **111 Alamy Stock Photo. 113 Alamy Stock Photo** Artokoloro (c); Oleksiy Maksymenko Photography (tr); B. David Cathell (bl); Heritage Image Partnership Ltd (br). **114 Alamy Stock Photo** Zvonimir Atletić (bl); Alexey Borodin (cla); Imaginechina Limited (cl); PlanetNextDoor (br). **114-115 Alamy Stock Photo** Ian Littlewood (t). **115 Alamy Stock Photo** Brent Hofacker (br); ZUMA Press, Inc. (bl). **118 Alamy Stock Photo** Betty Johnson (bl); LEJEANVRE Philippe (tl). **119 Alamy Stock Photo** CPA Media Pte Ltd (cr); PhotoStock-Israel (br). **120 Alamy Stock Photo** Don Bartell (cl); Jon Bower China (bl). **121 Alamy Stock Photo** Artokoloro (tc); Artokoloro (cr); BTEU / RKMLGE (br). **122 SavyBoat Models. 123 Getty Images** (br); Richard T. Nowitz (bl). **Library of Congress, Washington, D.C.** (2007629014) (tc). **Shutterstock.com** Steven Senne / AP (cr). **Marie Zahn** (tr). **125 Getty Images** (cr, bl); Kathryn Scott Osler (br). **Marie Zahn. 126 Alamy Stock Photo** Joanna Kalafatis (bl); Shelly Rivoli (cl); Dan Leeth (cr). **Getty Images** Education Images (br). **126-127 Getty Images** Anna Henly (t). **127 Alamy Stock Photo** CPA Media Pte Ltd (br). **130 Alamy Stock Photo** dpa picture alliance (cl); David Wall (tc); INTERFOTO (bc, br). **131 Alamy Stock Photo** Noella Ballenger (bc). **Dorling Kindersley** Neil Lukas (br). **Michael H. Piatt. 132 Alamy Stock Photo** Unlisted Images, Inc. (cl). **Dustin LeBrun** (bl). **133 Alamy Stock Photo** History & Art Collection (tr). **Library of Congress, Washington, D.C.** (HABS CAL,26-BODI,2) (br). **Michael H. Piatt** (cr). **134-135 Lori Hibbett. 136 Alamy Stock Photo** World History Archive (ca). **Getty Images** Xavier Desmier (b). **NOAA** Courtesy of Lori_Johnston RMS Titanic Expedition 2003 (cb). **136-137 Getty Images** Xavier Desmier (b). **137 Alamy Stock Photo** Panther Media GmbH (t). **144-145 Alamy Stock Photo** Everett Collection Inc. **146 Alamy Stock Photo** David Crossland (cl). **Dorling Kindersley** Gary Ombler / Royal Artillery Museum, Royal Artillery Historical Trust (bl). **Imperial War Museum** (Q_031465) (cr). **146-147 Alamy Stock Photo** Arterra Picture Library. **147 Alamy Stock Photo** Guido Vermeulen-Perdaen (br). **150 Alamy Stock Photo** dpa picture alliance (br); INTERFOTO (cr). **151 Alamy Stock Photo** INTERFOTO (tc); Panther Media GmbH (tr); Militarist (br). **152 Alamy Stock Photo** Paul Cox (cl). **Imperial War Museum** (MUN_003239) (bl). **153 Alamy Stock Photo** Insook Gardiner (tr). **Dorling Kindersley** Gary Ombler / Imperial War Museum (tc). **Imperial War Museum** (Q_011655) (br). **154-155 Getty Images** adoc-photos.

All other images © Dorling Kindersley